国家自然科学基金资助（项目批准号：72163001）

柯 颖 等著

产业模块化
创新网络发展战略
——价值链高端嵌入视角

中国财经出版传媒集团
经济科学出版社
Economic Science Press
·北京·

图书在版编目（CIP）数据

产业模块化创新网络发展战略：价值链高端嵌入视角 / 柯颖等著. -- 北京：经济科学出版社，2025.6.
ISBN 978 - 7 - 5218 - 6937 - 8

Ⅰ. F269.24

中国国家版本馆 CIP 数据核字第 2025P76Z94 号

责任编辑：周国强
责任校对：齐　杰
责任印制：张佳裕

产业模块化创新网络发展战略
——价值链高端嵌入视角
CHANYE MOKUAIHUA CHUANGXIN WANGLUO FAZHAN ZHANLÜE
——JIAZHILIAN GAODUAN QIANRU SHIJIAO
柯　颖　等著
经济科学出版社出版、发行　新华书店经销
社址：北京市海淀区阜成路甲 28 号　邮编：100142
总编部电话：010 - 88191217　发行部电话：010 - 88191522
网址：www.esp.com.cn
电子邮箱：esp@esp.com.cn
天猫网店：经济科学出版社旗舰店
网址：http://jjkxcbs.tmall.com
北京季蜂印刷有限公司印装
710×1000　16 开　14 印张　200000 字
2025 年 6 月第 1 版　2025 年 6 月第 1 次印刷
ISBN 978 - 7 - 5218 - 6937 - 8　定价：86.00 元
(图书出现印装问题，本社负责调换。电话：010 - 88191545)
(版权所有　侵权必究　打击盗版　举报热线：010 - 88191661
QQ：2242791300　营销中心电话：010 - 88191537
电子邮箱：dbts@esp.com.cn)

前 言

本书契合产业模块化、创新网络以及价值链嵌入理论，构建了一个基于"创新成长+市场拓展"的价值链高端嵌入研究框架，从系统架构规则设计、核心功能模块开发、模块全球技术标准确立、顶尖制造能力打造的"四位一体"动态创新能力视角，研究产业模块化创新网络形成演化机理，探寻价值链高端嵌入下产业模块化创新网络形成的驱动因素与实施条件、基于产业模块化创新网络的价值链高端升级路径、基于模块化创新实现产业技术进步效应和价值增值效应的内在机制，评价模块化网络创新对价值链高端嵌入的影响效应以及创新合作的创新绩效和产业组织效应，从多维层面提出价值链高端嵌入下旨在持续促进产业创新成长与市场拓展的产业模块化创新网络发展战略以及可操作应用的政策和措施，对中国新兴产业以产业模块化创新网络构建占据价值链高端分工地位和获取高额附加价值具有重要的理论意义与应用前景。

本书的研究框架共分为8章。

第1章，绪论。本章介绍了本书的研究背景和研究意义，分析了模块化创新、模块化创新网络、价值链嵌入下产业创新升级的相关研究现状，提出了研究目标与研究方法，并就特色之处做了归结。

第2章，产业模块化网络创新与全球价值链升级（一）。本章以先进制造业为研究对象，探讨了先进制造业模块化网络创新对全球价值链升级的影响机理，以及知识转移的中介效应影响机理，提出了相应的研究假设，并对先进制造业模块化发展与全球价值链现状进行了分析。

第3章，产业模块化网络创新与全球价值链升级（二）。本章构建了先进制造业模块化网络创新影响全球价值链升级的实证模型，设计了模块化网络创新、全球价值链升级和知识转移的测算指标，对先进制造业模块化网络创新影响全球价值链升级的研究假设以及知识转移的中介效应进行了实证分析，并对产业异质性做了拓展性评价，据此提出研究结论及政策建议。

第4章，产业创新网络合作的创新绩效（一）。本章针对先进制造业，以技术创新理论、创新合作理论、创新价值链理论及创新网络理论为基础，从网络创新吸收和网络创新转移两个维度构建了产业创新网络合作对创新绩效影响的理论框架，提出了相应的研究假设，并就先进制造业创新网络的合作特质与创新绩效现状进行了梳理和归纳。

第5章，产业创新网络合作的创新绩效（二）。本章构建了产业创新网络合作的创新绩效实证分析模型，对先进制造业创新网络合作影响创新绩效的研究假设进行了实证检验，针对国有和非国有的所有权差异做了异质性分析，据此得到研究结论，并从政府和企业两个视角提出了政策建议。

第6章，产业模块化创新的产业组织绩效（一）。本章以新能源汽车产业为例，明确了模块化创新的内涵，基于模块化理论、创新理论和主流产业组织理论，探讨了模块化分工创新和模块化协同创新对产业组织绩效的影响机理，提出了相应的研究假设，并对新能源汽车产业发展及模块化创新现状做了分析。

第7章，产业模块化创新的产业组织绩效（二）。本章以新能源汽车企业全要素生产率作为新能源汽车产业组织绩效的衡量标准，以模块化分工创新与模块化协同创新综合测度了模块化创新，构建了实证检验模型，对新能源汽车模块化创新影响产业组织绩效的研究假设进行了实证分析，并以企业利润率作为被解释变量做了拓展性分析，据此提出研究结论及政策建议。

第8章，价值链高端嵌入下产业模块化创新网络发展之策。本章界定了产业模块化创新网络的内涵，提出了"创新成长＋市场拓展"的价值链高端嵌入要核，探究了"四位一体"动态创新能力培育架构，并对产业模块化创新网络发展掣肘做了分析，据此提出价值链高端嵌入下产业模块化创新网络优化对策。

在本书的研究过程中，笔者所指导的应用经济学研究生王子实、孙浩和王靖淞参与了相关研究工作。其中，王靖淞负责第2章、第3章的初稿写作，王子实负责第4章、第5章的初稿写作，孙浩负责第6章、第7章的初稿写作，对相关章节文献查阅、数据收集以及研究内容初稿撰写承担了大量认真而细致的研究工作，在此表示衷心感谢！通过深入参与本书的研究工作，上述研究生在付出了艰辛努力的同时，在创新思维培养、科研能力历练上也获得了显著成长，发表了系列相关论文，且均已顺利毕业和就职。最后，诚挚感谢国家自然科学基金委对本书研究和写作给予的支持与帮助。

目 录

| 第 1 章 | **绪论** / 1

    1.1　研究背景 / 1

    1.2　研究意义 / 3

    1.3　国内外研究现状分析 / 6

    1.4　研究目标 / 13

    1.5　研究方法 / 14

    1.6　特色之处 / 15

| 第 2 章 | **产业模块化网络创新与全球价值链升级（一）** / 16

    2.1　引言 / 16

    2.2　基本概念和理论界定 / 18

    2.3　先进制造业模块化网络创新影响全球价值链升级的理论机理 / 25

    2.4　先进制造业模块化发展与全球价值链现状 / 30

| 第 3 章 | **产业模块化网络创新与全球价值链升级（二）/ 38**

3.1 先进制造业模块化网络创新影响全球价值链升级的
实证分析 / 38

3.2 拓展性分析 / 54

3.3 研究结论与政策建议 / 65

| 第 4 章 | **产业创新网络合作的创新绩效（一）/ 70**

4.1 引言 / 70

4.2 产业创新网络合作对创新绩效影响的理论框架 / 71

4.3 先进制造业创新网络合作特质与创新绩效现状 / 84

| 第 5 章 | **产业创新网络合作的创新绩效（二）/ 103**

5.1 先进制造业创新网络合作对创新绩效影响的
实证检验 / 103

5.2 异质性分析 / 119

5.3 研究结论和政策建议 / 121

| 第 6 章 | **产业模块化创新的产业组织绩效（一）/ 128**

6.1 引言 / 128

6.2 新能源汽车模块化创新对产业组织绩效影响的
理论分析 / 130

6.3 新能源汽车产业发展及模块化创新现状 / 143

| 目 录

| 第 7 章 | **产业模块化创新的产业组织绩效（二）** / 160

7.1 新能源汽车模块化创新对产业组织绩效影响的

实证分析 / 160

7.2 拓展性分析 / 175

7.3 研究结论与政策建议 / 182

| 第 8 章 | **价值链高端嵌入下产业模块化创新网络发展之策** / 187

8.1 产业模块化创新网络的内涵 / 187

8.2 产业模块化创新网络价值链高端嵌入要核 / 188

8.3 产业模块化创新网络"四位一体"动态创新能力

培育架构 / 190

8.4 产业模块化创新网络发展掣肘 / 192

8.5 价值链高端嵌入下产业模块化创新网络优化对策 / 196

参考文献 / 200

第 1 章

绪　论

本章介绍了本书的研究背景和研究意义，分析了模块化创新、模块化创新网络、价值链嵌入下产业创新升级的相关研究现状，提出了研究目标、研究方法，并就特色之处做了归结。

1.1　研究背景

20世纪90年代以来，随着模块化系统架构思维的不断普及、应用以及产品技术系统性、复杂性的日益增强，模块化生产网络成为计算机、汽车、智能终端、高端装备等高科技产业的主导全球产业组织形态。而作为系统主导设计商、各类模块供应商和专业服务提供商进行模块化创新分工与整合的模块化创新网络（modular innovation network）也正是许多重要产业持续创新的重要组织载体。从本质上看，模块化创新具有破坏式创新和渐进式创新的双重特征：一方面，系统新架构的确立意味着旧产品面临熊彼特式的"创造性毁灭"，关键功能模块技术路线的成功换道和开发也可以反过来促进产品架构的全新设计；另一方面，在系统和模块技术没有发生根本性变革的状态下，企业通常会依靠渐进式创新对现有技术进行精炼和升级以保持市场竞争力。正是基于上述特质，模块化创新为发展中国家通过系统架构和关键模块双重层面的技术创新突破提供了现实可能路径，立足于本体大型市场构建全球模块化创新网络是中国增强自主创新能力、解决"卡脖子"瓶颈、实现核心产业国产替代、构筑产业国际竞争力的重大战略选择。

经过改革开放40多年来的快速发展，中国已成功通过产业体系的总体完善、科技实力的大幅提升以及全球产业链分工的深度参与，实现了强大的综合国力和大国地位。面临错综复杂的国际政治经济环境，习近平总书记提出："逐步形成以国内大循环为主体、国内国际双循环相互促进的新发展格局，培育新形势下我国参与国际合作和竞争新优势。"[1] 从产业链角度，这意味着中国产业既要迈向全球价值链（globe value chain，GVC）中高端，实现高端制造能力锻造、关键价值节点构建、企业质素提升、基础技术创新、稀缺人才集聚；又要立足于国内价值链（national value chain，NVC）进行核心企业、核心品牌及核心价值塑造，通过国际国内两个市场的并行嵌入提升企业竞争力和分工地位，促进产业体系的创新升级和高质量发展。

加入世界贸易组织（WTO）之后，中国通过积极参与全球模块化生产网络分工获得了明显的产业发展实效，电脑、智能手机、汽车、家电、装备制造等高技术产业中的核心企业在嵌入GVC的历练中得到了快速成长，涌现出华为、联想、小米、格力、美的、三一重工、宁德时代等一批优秀的系统架

---

[1] 习近平看望参加政协会议的经济界委员［EB/OL］. 新华网，2020-05-23.

构商、模块集成商和关键模块供应商并掘金国际市场。但总体上，中国颠覆性创新模块架构商和核心模块供应商的数量仍较少，使得许多产业在 GVC 分工中无法获得高额附加价值。造成上述状况的重要原因是，目前国内仍缺乏从产业创新本质的高度真正理解模块化创新对于产业体系高质量发展的价值和意义所在，也并未将其上升为国家创新战略并在宏观、中观及微观层面一以贯之。近几年，以美国为首的发达国家贸易保护、技术封锁等逆全球化措施对我国企业高端嵌入 GVC 的努力已构成实质性阻碍，而 NVC 增量价值获取又面临芯片、操作系统、发动机、关键新材料等"卡脖子"环节的制约，因此，在国内国际双循环的新发展格局下，有必要认真审视价值链的交融性及其带来的机遇与挑战，并促使产业与企业化危为机。那么，在价值链嵌入条件下，新兴产业实践层应采取何种具体方略和行动来应对全球化逆流并实现创新成长呢？这是当前亟待突破的新课题，必须回归当今世界高技术产业模块化发展的大趋势中寻找答案，从国家战略上鼓励和推进产业模块化创新网络构建是重要之策。

1.2 研究意义

1.2.1 理论意义与科学价值

基于价值链高端嵌入视角的产业模块化创新网络发展战略的研究，旨在通过"创新成长＋市场拓展"的价值链高端嵌入机制，从系统架构规则设计、核心功能模块开发、模块全球技术标准确立、顶尖制造能力打造的"四位一体"动态创新能力视角推动产业模块化创新网络形成演化与发展，加强发展中国家与 GVC 主导者之间的平等市场联系、协同创新与价值增值共享，立足价值链高端嵌入加速新兴产业模块化创新能力培育，根本扭转 GVC"低端锁定"地位，建立产业模块化创新网络动态治理、核心企业颠覆性创新能力和关键产业链国产替代能力提升、新兴产业高质量发展及全球价值份额增长与价值链高端嵌入运动发展及相互融合的有效机制和发展战略。具体实践需要科学的理论和方法来指导，因此产业模块化创新网络形成演化路径与发展战略问题，是当前需要积极展开科学研究和学术探索的重要领域。将这一问题置于价值链高端嵌入框架中进行系统研究，具有重要的理论意义与科学价值。

第一，以模块化创新和价值链相关理论的总结和梳理为基础，研究产业模块化创新网络发展战略的应用对新兴产业创新范式、生产组织范式、产业价值链多重嵌入范式的影响，提出产业模块化创新网络是产业模块化大发展时代发展中大国在全球化逆流、贸易争端与技术封锁加剧的国际新环境下立足国内国际双循环、进行价值链高端嵌入的最佳产业创新网络治理模式，厘清产业模块化创新网络的基本内涵、理论本质及其主要特征，并分析其创新范式、形成演化路径、创新链分工以及价值链高端嵌入与治理机制，建立发展中国家基于价值链高端嵌入的产业模块化创新网络形成演化与发展的一般理论模型。

第二，基于模块化创新的相关理论，界定产业模块化创新网络的体系框架，揭示系统架构规则设计、核心功能模块开发、模块全球技术标准确立、顶尖制造能力打造"四位一体"动态创新能力培育的基本架构及其对新兴产业颠覆性创新、产业链断点补齐、国产替代、市场份额扩张、高端价值增值、应用生态拓展等方面所带来的变化，探讨价值链嵌入下产业模块化创新网络基于"创新成长＋市场拓展"的动态形成演化过程和作用机制。

第三，基于价值链高端嵌入视角，全面系统地研究产业模块化创新网络的形成演化路径机理，分析产业模块化创新网络构建与价值链高端嵌入的耦合互动关系，基于产业模块化创新网络实现产业技术进步效应和价值增值效应的内在机制，模块化网络创新对新兴产业动态创新能力培育和全球价值份额增长的影响效应评价。从理论层面探讨并提出推动价值链高端嵌入下产业模块化创新网络形成演化路径与发展战略，分析阐明其实质性内涵与实践操作方法；在理论与实践的创新性结合层面，联系产业经济学、创新经济学、区域经济学、系统经济学、演化经济学、新制度经济学、管理科学等多学科研究领域，将模块化创新、模块化生产网络竞争与合作、产业价值链分工、全球创新链治理、创新力和竞争力决定、专业化与多样性、全球化与地方化等理论和方法，综合运用于价值链高端嵌入下产业模块化创新网络形成演化路径与发展战略的研究架构中，由此赋予它们新的学术内涵而拓展这些传统理论及方法的理论空间和学术空间。

1.2.2 现实意义与应用前景

本书研究具有重要的现实意义与广阔的应用前景。

第一，全球先进信息技术的迅猛发展为跨境生产要素日益快速、频繁流动创造了契机，也为发展中国家新兴产业市场空间拓展带来了无限可能。在产业模块化大发展时代，模块化创新是众多高技术产业立命之本，是高效推动产业工艺升级、产品升级、功能升级和链条升级的先决条件，是国际复杂环境下发展中大国进行 GVC 高端攀升和 NVC 市场主体占据的重要战略，是构筑国家产业全球竞争力的核心手段。将产业模块化创新网络形成演化路径置于基于"创新成长+市场拓展"的价值链高端嵌入框架中进行探讨，其对于产业模块化创新网络形成演化与发展、产业模块化创新网络构建与价值链高端嵌入的耦合互动机理、新兴产业基于产业模块化创新网络的创新成长与市场拓展，以及基于系统架构规则设计、核心功能模块开发、模块全球技术标准确立、顶尖制造能力打造的产业动态创新能力培育和全球价值份额增长等研究成果，对于发展中国家从宏观、中观和微观层面更加明确和重视当今时代产业结构模块化的本质并切实推进产业模块化创新网络形成发展，在价值链嵌入过程中累积高级生产要素，通过产品架构、核心模块和新材料、顶尖制造、产业标准的持续创新，突破 GVC 下发达国家的技术封锁和贸易壁垒，获得平等竞争机会、全球产业链和创新链共建机会、品牌推广机会与价值增值分享机会，实现产业体系创新升级和国产替代，具有普遍性的指导意义和实践参考。

第二，在实证研究中，以中国先进制造业为重点，将价值链高端嵌入框架应用于产业模块化创新网络形成演化路径的实践架构，多维度、新视角地研究产业模块化创新网络形成演化路径的发展战略及系列政策措施，为推动发展中国家在产业模块化大发展时代以及全球化逆流渐显、高科技产业国际竞争加剧、工业互联网革命、产业体系高质量发展等现实背景下产业模块化创新网络形成演化路径及其基于价值链高端嵌入的动态创新能力培育和全球价值份额增长提供新的机制，有利于形成、提升国家产业体系核心竞争优势和内生创新发展动力，丰富后发国家和区域在产业模块化时代技术迭代加剧条件下产业创新发展战略的选择模式集合。

1.3　国内外研究现状分析

1.3.1　模块化创新相关研究

模块化创新目前学术界并无准确定义，但从现有相关文献中可以梳理出其蕴含的脉络。即模块化是一种管理复杂系统的工艺设计方法（Simon，1962；Ulrich，1995），产生了基于熊彼特创新性破坏的架构创新与模块创新（Henderson and Clark，1990），使得如堆积木式的大规模定制变得可行

(Joseph Pine Ⅱ,1993；Baldwin and Clark,1997；Sanchez and Mahoney,1996,1998)，是适应技术系统性和多变性不断提高、实现替代经济的技术和组织设计模式（Garud and Kumaraswamy,1995），后发国家企业在模块化产业结构中可以选择模块集成者导向和模块提供者导向两种自主创新能力发展策略（张钢和徐乾,2007）。模块化创新成为许多重要产业主要创新方式的根本技术原因在于：随着知识的不断积累，产品的整体架构、各部件间的相互关系及技术参数已能够深入理解，这时产品/技术就从一体化转向模块化（Chesbrough and Kusunoki,2001）；模块化使产品系统区分为"看得见的设计规则"和"看不见的设计规则"，由此产生了巨大的选择价值，可通过分割与替代、排除与扩展、移植/归纳的模块化操作来实现创新（Baldwin and Clark,2000）；基于两类设计规则可极大地降低互补性资产的约束（林民盾和蔡勇志,2005），增强了产品的可分性（Schilling,2000），可超出企业的边界以获得多样化的互补产品（Chen and Liu,2005），利于企业间建立包括共享吸收、互补吸收、单体吸收的价值吸收机制（郝斌,2011）；产品模块化及技术模块化通过显著提升产品创新性，进而间接提振新产品绩效（尤勇和张煜,2017）。

一些实证研究也表明，产品系统模块化创新具有创新和模仿的双重功能（Ethiraj and Levinthal,2004,2008），模块化技术对中国企业产品创新产生了重要影响（程文和张建华,2011），中国香港地区电子行业中产品模块化与产品创新呈现倒 U 形关系（Lau et al.,2011），战略性新兴产业的产品模块化、企业组织模块化与产业组织模块化之间以及模块化分工与协同之间存在显著的正相关（曹虹剑等,2015），越高的工业模块化程度越能促进技术创新（朱丽萍和夏飞龙,2017）。

在模块化创新的重要产业实践上，一些学者开展了若干案例研究。主要有：计算机产业中，IBM/360 型电脑运用模块化设计，使模块化技术成为计算机产业新的主导技术，"模块化设计的 123"成为产品模块化设计的起点与难点（Baldwin and Clark，2000）；个人计算机（PC）供应链管理是建立在模块化基础上的供应链整合（纪雪洪等，2004）；汽车产业中，丰田精准生产方式的一个关键因素是在确定了一般的共识和界面后放手由供应商去设计图纸而由丰田认可（浅昭万里，1997），模块化推动汽车生产组织方式变革的根本表现是促使零部件企业分层（白雪洁，2005），汽车产业模块化创新模式表现为整车设计模块化、零部件供应链模块化和产业组织模块化（柯颖和邬丽萍，2011）；航空产业中，模块化方法仅适用于允许"适度失控"的产品，对飞机及发动机等"禁止失控"的复杂产品类型，系统集成商会拥有相对高的技术和知识优势，而模块制造商的创新空间很小（陈向东，2004）；手机产业中，模块化极大地降低了对手机生产企业所需知识的要求和进入壁垒，能够享受到规模经济和产品质量稳定的好处，可以作为一种重要的产业升级路径（李晓华，2010）。

1.3.2 模块化创新网络相关研究

模块化生产方式的出现对产业组织形态变迁产生了重大而深远影响，垂直一体化大型企业组织内部结构出现松散化、解体或边界模糊现象。代表性观点包括：模块化的产品需要模块化的组织（Sanchez and Mahoney，1996），组织的模块化是指在企业内和企业间采用或利用的适应模块生产的组织过程、治理结构和契约程序（Miguel，2005），网络形式的模块簇群应运而生（Langlois and Robertson，1992），硅谷成为"模块的集聚地"（Baldwin and Clark，2000）和信息异化型模块簇群（青木昌彦，2000），既促进竞争又促进合作（Porter，2000），对市场集中度产生了逆向影响（Baldwin and Clark，2000；柯颖和王述英，2007）。

实质上，信息异化型模块簇群即为高效率的模块化创新网络。其创新优越性主要体现在："看不见的手"成为产业资本的改变动力（Langlois，2003），模块供应商"背对背"的竞争保证了创新动力的充足性而模块的半自律性则确保了组织实验的安全性（胡晓鹏，2004），通过"淘汰赛""赢者通吃"的方式实现了少数价值模块的完全垄断（胡晓鹏，2007）并对核心企业产生逆向控制（梁军，2008），建立在标准竞争、"背对背"竞争基础上的合作竞争行为强化了市场间协同效应，企业能力边界趋向无穷（安藤晴彦等，2003；李海舰和原磊，2005），模块并行研发和技术创新网络节点组织间的信息交换确保了整个网络持续技术创新动能和效果（Dodgson and Rothwell，2000），温特制竞争的重点是标准的提升和客户群体的锁定（黄卫平和朱文辉，2004）而适用至今。

模块化创新网络是以企业为中心，网络化资源持续优化的自组织协同创新生态圈（王海军和张悦，2018），主导企业作为平台领导者其技术领导力体现为研发能力、技术与产品架构能力和技术标准制定能力（Perrons，2009；Nambisan and Sawhney，2011；孙耀吾和谈嫒嫡，2018），系统整合者、模块供应商的集成知识与内核知识越丰富越有利于技术创新（尤勇和汪谷腾，2018），企业竞争优势来源于包含领先用户识别、模块化用户工具箱开发、交互式产品创新和最终产品整合的模块化用户创新模式（徐建平和梅胜军，2020），从而能够消除因信息不对称而产生的用户需求侧与产品供给端整合之间的创新阻隔（梁海山和王海军，2019），实现以市场创造为核心的价值创新（Sanchez and Mahoney，1996；王瑜和任浩，2014），而模块化制度设计对组织价值创新的影响更加显著（郝斌和 Anne-Marie Guerin，2011）。

1.3.3 价值链嵌入下产业创新升级相关研究

GVC 分工升级包括链条内部和链条间两种类型，具体分为四个阶段：工艺升级、产品升级、功能升级和链条升级，分别作用于分工环节、单个产品、部门内层次和部门间层次（Humphrey and Schmitz，2002）。目前，对于新兴经济体 GVC 产业升级受阻现象，学术界基本有一致共识，主要围绕以下方面展开研究：一是低端锁定现实及后果，包括：拉美国家企业功能升级受阻（Giuliani and Bell，2005），中国制造企业面临 GVC 分工地位长期停滞不前（刘志彪和张杰，2007；闫国庆等，2009；马红旗和陈仲常，2012；张立东等，2013）、"量增价跌"（卓越和张珉，2008）、经济"不升反降"（Humphrey and Schmitz，2002）、仅沦为"工资洼地"（王磊和魏龙，2018）与参与"逐底竞争"（张少军，2015），新兴经济体面临发达经济体的非对称优势而极易受到价格、成本的冲击（Fernández，2015）。二是低端锁定的原因，包括：垂直专业化（Hummels et al.，2001）、贸易幻象（Rodrik，2006）、价值链"碎片化"（Krugman et al.，1995）、高级生产要素和核心环节能力缺乏（Humphrey and Schmitz，2002；Freeman，2013）以及治理能力欠缺（Giuliani and Bell，2005；张辉，2005）。三是 GVC 升级路径选择，包括：提出兼顾分工位置和分工地位双维度的"微笑曲线"（施正荣，2005）和"二元驱动"（Gereffi and Korzeniewics，1994）价值分布模型；可分为"融入"和"准备"两类升级路径（联合国贸易与发展会议，2013），并对中国、马来西亚、泰国及亚洲经济体的汽车、电子、光学设备等制造业开展了实证研究（Baldwin，2011；Wang et al.，2013；Techakanont，2008），明确"加入－重构－自我主导"的升级三部曲（苏庆义，2016），但要避免深度融入后落入"网络陷阱"（沈能和周晶晶，2016）。

为获取更有利的 GVC 分工地位，近年来国内一些学者提出构建 NVC 的产业升级路径。主要有："决胜于国内，决战于国外"，将俘获型网络扭转为均衡型网络（刘志彪和张杰，2007）；积累高级生产要素进行升级"准备"（刘志彪和张杰，2009；王子先，2014；黎伟，2015）；采取以全球化为导向的链条升级、以转化应用为导向的技术升级、以国内市场拓展为导向的功能升级、以专精化为导向的产品升级的多元化路径（周密，2013）；产品架构与功能架构的双重嵌入可通过知识扩散、能力建构、治理结构和租金攫取四重机制来丰富GVC攀升路径并加快产业升级进程（刘维林，2012）；提高工业模块化程度以促进技术创新，进而推动工业升级（朱丽萍和夏飞龙，2017）；应更加重视国内资源整合，实现市场整合效应、技术进步效应、企业成长效应（黎峰，2016，2020）；以"一带一路"倡议为支点，通过"双重嵌入"和"抱团嵌入"的互融共建，促进中国经济转型升级和内生化发展，培育制造业集群的动态竞争优势（刘志彪和吴福象，2018）。

纵观已有的相关研究，存在着一些欠缺或不足，而本书的研究将能较好地弥补这些欠缺和不足。主要包括以下几个方面。

(1) 在产业模块化及创新方面，以模块化技术—模块化生产—模块化组织形态演进的总体研究脉络为主，主要集中于：模块化思想对于产品的研发、制造、创新、企业组织结构、全球供应链模式变革所带来的影响及其背后的驱动因素，产业中观层面对上述变革的发展导向变化，以及企业微观层面的具体实践。但相较于大规模生产理论，产业模块化自20世纪90年代以来的盛行具有客观背景和条件，即经济全球化的加速和信息化技术的迅猛发展和应用，由此导致的全球产业模块化网络分工和供应链合作作为一种新经济现象，受到世界政治经济多重因素的动态影响，对于发展中国家如何在上述背景下立足国内国际双循环、通过构建产业模块化网络实现新兴产业创新突破并带动产业体系升级和高质量发展，缺乏结合产业经济学、创新经济学、区域经济学、制度经济学等多学科理论融合的科学前沿视角，特别是很少从本源出发对产业模块化创新网络形成演化与发展问题进行宏观、中观、微观的系统经济学分析。

(2) 在价值链嵌入研究方面，现有研究主要集中于发展中国家被迫"低端锁定"于GVC代工环节或在完成工艺、产品升级后进行功能、链条升级受阻现象的理论与实证分析，归结升级受阻的原因，在继续"融入"争取"干中学"的同时，构建NVC积累足够的高级生产要素、培植企业竞争力和产学研合作能力，再向GVC进行延伸升级。但总体而言，现有研究基本以"低端锁定"的结果性分析和基于 NVC 的发展战略分析为主，对导致"低端锁定"的最深层次因素是什么？在全球化逆流、技术封锁加深的背景下，双重价值链之间相互衔接与转换的方式、机制和条件如何把握？对这些关键问题，并未有普适性的理论创新和解释，也缺乏完整的分析框架。

（3）从价值链高端嵌入视角对产业模块化创新网络形成演化机理与路径、基于产业模块化创新网络的价值链高端升级路径以及新兴产业基于价值链高端嵌入下产业模块化创新网络形成发展的技术进步效应、价值增值效应、动态创新能力培育和全球价值份额增长等研究方面，目前直接相关文献非常欠缺；对于国内国际双循环下中国战略性新兴产业如何通过产业模块化创新网络构建促进价值链嵌入下高端价值创新和市场份额增长，从而带动产业体系创新升级的产业战略加以实践分析和应用等问题也极少涉及。

综上所述，已有研究成果并未直接涉及和系统研究价值链高端嵌入下产业模块化创新网络形成演化路径及发展战略的理论和实践问题，但为本书研究提供了有益的借鉴和参考。本书将在已有研究的基础上，结合产业模块化大发展、经济全球化逆流、信息技术和产业技术迭代、工业互联网发展、大国核心产业竞争加剧、国内国际双循环等全球价值链、国内价值链演进的时代背景与发展趋势，拓展研究的空间尺度，正确界定产业模块化创新网络的内涵和外延，从"创新成长+市场拓展"的价值链嵌入视角，综合运用产业经济学、创新经济学、区域经济学、系统经济学、演化经济学、新制度经济学、管理科学等相关理论和研究方法，全面系统地研究产业模块化创新网络形成演化机理及发展战略，构建包含系统架构规则设计、核心功能模块开发、模块全球技术标准确立、顶尖制造能力打造"四位一体"动态创新能力培育的产业模块化创新网络理论框架，分析产业模块化创新网络构建与价值链高端嵌入的耦合互动机理，探讨价值链嵌入下产业模块化创新网络形成发展对高技术产业颠覆性创新、产业链断点补齐与国产替代、全球市场份额扩张、高端价值增值、应用生态拓展等产业组织影响机理，实证测评产业模块化创新网络对先进制造业动态创新能力培育和全球价值份额增长的影响效应，并以发展中国家先进制造业为重点，将其置于经济全球化逆流下大国间新兴产业链技术、市场竞争博弈加剧的层面，研究构建基于价值链高端嵌入的产业模块化创新网络形成演化与发展的理论模式与可操作应用的政策和措施等，从而更有效地推动产业模块化创新网络形成演化机理与运作模式研究，更好地指导发展中国家产业模块化创新网络的形成和发展实践，使理论研究和实践效果都得到有效、显著的提升。

1.4 研究目标

本书研究的总目标，是以相关理论与实践背景的研究为基础与依据，基于"创新成长＋市场拓展"的双重价值链高端嵌入视角，构建包含系统架构规则设计、核心功能模块开发、模块全球技术标准确立、顶尖制造能力打造"四位一体"动态创新能力培育的产业模块化创新网络理论框架，系统论证产业模块化创新网络与价值链高端嵌入的耦合互动机理，全面综合地研究价值链高端嵌入下产业模块化创新网络形成演化机理，分析产业模块化创新网络构建的产品创新模式、价值创新机制及其产业组织效应，揭示基于产业模块化创新网络的价值链高端升级路径，实证测评产业模块化网络创新对新兴产业动态创新能力培育和全球价值份额增长的影响效应，探讨价值链高端嵌入下新兴产业模块化创新网络系统架构和核心模块颠覆创新、异质性产品与模块全球市场平行竞争、价值链高端价值权力生成与产业创新绩效提升的合作协调机制、方法论思路、政策措施等，以推进价值链高端嵌入下产业模块化创新网络形成发展战略理论与应用的研究，为加快发展中国家产业模块化创新变革和全球价值链高端升级战略实施，推动产业模块化创新网络形成和发展，在产业模块化大发展、逆全球化、信息技术和产业技术加速迭代、工业互联网发展、大国核心产业竞争加剧、国内国际双循环趋势中实现价值链强势在位权获取、市场控制力增强和价值份额扩大，践行产业创新驱动发展战略，培育新常态下战略性新兴产业体系高质量发展内生动能，实现核心产业链国产替代和全球价值链分工优化，提供创新发展战略的理论依据、方法论指导与决策参考。

1.5 研究方法

根据本书的研究目标、研究内容与拟解决的关键问题，拟采取如下主要研究方法：

（1）多学科综合分析与研究的方法。研究对象涉及面广，需综合运用产业经济学、创新经济学、区域经济学、系统经济学、演化经济学、新制度经济学、管理科学等相关学科的理论、思维与方法手段，来实施本书的具体研究工作。

（2）理论研究与实证研究相结合的方法。通过理论研究与一般逻辑推理分析，取得正确的理论和方法论思路是完成本书研究的关键性基础。在测算发展中国家先进制造业模块化网络创新对全球价值链高端嵌入的影响、模块化创新网络基于知识转移和组织学习的中介效应影响、产业创新网络合作的创新绩效及产业组织效应等方面，有效的实证研究的深化、验证理论研究，是指导具体实践、取得有效应用的关键性保证。在具体研究工作中重视理论指导和总体研究思路导向下的实地调研和实证分析工作。

（3）定性分析与定量研究相结合的方法。按照本书的研究特点，在理论框架构建与价值链高端嵌入框架下产业模块化创新网络形成演化路径机理的研究部分，以定性分析、逻辑论证与理论推理为主；在实证研究部分，则需采用数理统计及计量经济学方法等必要的定量研究方法，以确保完成研究任务，并有利于提高研究成果的科学性、精确性、普适性和可操作性。

1.6 特色之处

本书是关于价值链高端嵌入视角下产业模块化创新网络形成演化路径与发展战略的系统性专门研究，在契合价值链理论深入研究产业模块化创新网络形成演化系统性理论的基础上，结合产业模块化大发展、经济全球化逆流、信息技术和产业技术迭代、工业互联网发展、大国核心产业竞争加剧、国内国际双循环、产业体系高质量发展等现实背景，以发展中国家先进制造业为例进行产业模块化创新网络形成与发展的理论与实证研究，以系统深入的理论研究为出发点、以理论指导代表性"产业实践重心"的实证研究和实际应用为落脚点，具有创新性强，学术价值突出，实证研究"产业实践重心"的代表性强和实际指导作用大，以及紧密结合全球高技术产业模块化创新大趋势和国家创新驱动发展战略，推动发展中国家基于价值链高端嵌入进行产业模块化创新路径及模式选择、产业模块化创新网络治理与创新绩效提升、动态创新能力培育、高端价值份额增长和核心国际竞争优势锻造等特点。

第 2 章
产业模块化网络创新与全球价值链升级(一)

本章以先进制造业为研究对象,探讨了先进制造业模块化网络创新对全球价值链升级的影响机理,以及知识转移的中介效应影响机理,提出了相应的研究假设,并对先进制造业模块化发展与全球价值链现状进行了分析。

2.1 引　　言

制造业是实体经济的重要组成部分,也是创新实践的重要载体。当前全球正处于新一轮科技革命快速发展的阶段,努力实现制造业的创新升级是提升中国综合国力、建设世界强国的必由之路。在全球化生产的大背景下,产业模块化、产业创新化等特点促进不同产业的融合发展。面对错综复杂的国际政治经济环境，先进制造业作为科技附加值高、生产技术高端的产业，其全球价值链迫切需要突破低端锁定，实现价值链升级。

放眼全球，制造业的创新发展经历了深刻的变革。20世纪70年代以来，纵向一体化的传统产业组织形态出现向网络化发展的新趋势，包括通用汽车（GM）、通用电气（GE）、国标商用机器（IBM）、丰田（Toyota）在内的众多国际知名企业为响应市场多样化需求、顺应产业结构调整，将自身优势资源集中在核心业务和领域，通过全球采购、外包等方式剥离非核心业务，甚至出售自身在国内外的生产性机构以实现模块化分工（朱有为和张向阳，2005）。产业价值链条呈现出全球分散布局的新特点，模块化组织不断涌现，生产向全球分工合作化演变，国际制造业的这一生产结构调整趋势在20世纪90年代逐渐形成了一种新的生产组织形式——模块化生产网络。企业的创新行为也从个体发生开始向着模块化生产网络在生产链条上传递，品牌厂商更容易将自身的创意转化为现实产品，各个模块化节点上的企业相互合作，加快了生产速度，放大了模块化生产网络创新的效果。同时，模块化生产网络也加速了国际制造业的分工，发展中国家获得了嵌入国际产业链的机会，通过零件组装及加工低知识密度产品等方式融入模块化生产网络，逐步与发达国家的复杂制造业接轨。进入21世纪后，随着模块化系统架构思维的不断普及、应用以及产品技术系统性、复杂性的日益增强，模块化创新逐渐成为计算机、汽车、智能终端、航空、高端装备等先进制造技术产业的主导创新模式，创新行为越发精细化，由此形成的模块化网络创新彰显了产业链分工合作的优势，也蕴含了产业革新的巨大潜力（Giulio and Gary，2021）。

模块化网络创新不仅有助于推动新技术产品的创造，还能推动产业链上下游企业的同步升级。由于模块化生产网络上各节点的企业多处于全球生产的某一位置，因此会带动相关产业所在全球价值链的升级，这也同步受益于模块化生产网络间的无形资产,如劳动力流动、知识转移和投资直接溢出等(Navaretti and Venables,2020)。参与模块化生产的企业可借助全球价值链的联结,不断从模块化生产网络中汲取新技术和新知识,生产上下游的企业也能通过供应商和客户的相互采买分享创新成果,提升研发生产率与销售,从而加快模块化生产网络的创新速度,提高原有价值链的高级化程度并扩大覆盖面。实际上,在现有的国际分工下,模块化生产网络给参与全球价值链的发展中国家带来了突破低端锁定的机会,相关企业可利用模块化生产网络技术流动和知识转移的便利性,借助模块化网络创新的成果扩大效应,提升自身在全球价值链中的参与度,从而提高本国相关产业的全球价值链水平。就中国而言,在当前制造业作为经济增长重要引擎的条件下,探索先进制造业模块化网络创新的路径对经济发展有着重要作用,也有助于为先进制造业相关企业更好地融入全球化生产及进一步实现产业的价值链升级明确发展途径和方向。

基于上述背景,本书以先进制造业作为研究对象,着眼于探讨先进制造业模块化网络创新对相关企业所在产业的价值链升级的影响关系;同时,将知识转移作为中介变量,对其影响机理进行更为深入的分析。

2.2 基本概念和理论界定

2.2.1 先进制造业的内涵

先进制造业的概念最早由美国政府在20世纪90年代提出,即"先进制造技术+制造业"。随着科学技术的发展及生产力水平的提高,信息技术的快速发展使得互联网技术被各国广泛运用在制造业发展中,先进制造业的概念也逐渐拓展，变成"将先进制造模式引入到制造业"。不过，"先进"相较于"传统"而言，学术界对其定义和分类并不完全统一。沃斯和克里斯托弗（Voss and Christopher，1986）指出先进制造业需要依靠先进制造技术（AMT），即包括计算机辅助制造和设计的各方面。国内学者蒋选和周怡（2018）结合中国发布的"中国制造2025"战略规划，提出先进制造业应是系统性和全面性、协调性和动态性、可行性和可操作性等原则相结合的产业，其评价标准应从技术、管理、模式及经济社会效益上考量，最终形成将高新科技和现代化管理技术广泛应用于产品生产、销售等全过程的制造业，实现产业信息智能化、生态化。龚唯平等（2008）指出先进技术是先进制造业不可或缺的特点，同时不仅局限于技术先进，更在于生产的全过程，先进制造业是集先进制造模式、先进制造技术、拥有先进生产网络组织于一体的高新产品制造系统。另外，商黎（2014）通过对先进制造业统计标准的分析，总结出现阶段国内外学者对先进制造业的分类研究主要从制造技术的先进性、先进技术和管理的综合运用、先进技术综合运用的成效及不同产业的角度这四个方面进行。简而言之，先进制造业是在自主创新和高科技的灵活运用下，不断吸收电子信息、计算机、机械、材料以及现代先进管理技术等方面的最新技术成果，并将其应用于制造业产品的研发设计、生产制造等生产过程的产业集合（笪尚明和刘西林，2005）；先进制造业集中体现知识附加值高、工艺水平先进和网络协同能力强等特点，包括高新技术产业和新兴产业中的制造业部分，也涵盖发生技术迭代之后用先进制造技术改造后的传统制造业（张富禄，2018）。

本书参考张富禄（2018）、商黎（2014）等的观点，将研究对象聚焦于拥有高附加值和先进技术的产业，这类产业对解决科技成果的高端供给与转化应用的瓶颈问题有着重要作用，并且具备现代化产业体系与生产模式，是高精尖行业的代表。将此类先进制造业作为研究对象在一定程度上有利于为中国受到"卡脖子"的高技术行业提供突破方向，同时对中国实现制造业的现代化转型具有一定的理论支持作用。具体而言，本书选择了六大行业作为先进制造业的代表，分别为电子制造业、电力设备制造业、机械设备制造业、国防军工制造业、计算机设备制造业及通信设备制造业。

2.2.2 模块化网络创新理论

模块化生产改变了传统的产业结构，重塑了社会经济的微观产业基础，是近现代重要的生产形式（青木昌彦和安藤晴彦，2003），极大地提高了企业间的合作效率，加快了产品更新迭代的速度。基于模块化创新，系统可以实现重构进而变得结构更加复杂，或是在生产过程中实现细化分工以达到产业生产模块化的目的。克里斯滕森和罗森布鲁姆（Christensen and Rosenbloom）在1995年指出，模块化创新是引入新组建技术，并将新技术嵌入产品中，但这种嵌入并不改变产品建构，这也表明模块化创新是一种细化的创新，处于模块化节点上的企业利用自身特性实现产品创新、提高企业竞争优势和经营绩效，进而促进最终产品的升级与迭代。当生产过程实现模块化分工时，对应企业可以进行更加专业化、高效化的创新，刘继云和史忠良（2008）认为模块化背景下的产业创新是一个有机整体，需要以整合性的思维方式考察模块化创新与产业整体创新的关系，只有这样才能从微观和宏观两个维度把握模块化创新的路径和规律。哈比布等（Habib et al., 2020）从企业的微观角度出发，以特斯拉（Tesla）和 iRobot 机器人两家公司的代表性产品为例，分析了企业产品的模块化功能变化与生产架构之间的联系，模块化创新将通过模块化生产网络的辐射影响产品架构，扩大创新在模块化节点上的影响作用。

可见，模块化网络创新是发生在产业模块化之后，各模块之间的微观创新，即模块化节点上的不同企业产生创新行为后，模块化生产网络起到传导辐射的作用，形成模块化网络创新的新局面。产业中不同模块产生的创新行为经模块化生产网络传导后，相互结合，从而推动产业链实现大跨度创新，并最终以此形成模块化网络创新，促进产业的集合创新发展。

针对位于模块化生产节点上企业的创新方式，陶虎和周升师（2016）指出模块化企业要善于构建基于价值流的协同平台，加强自身模块化创新的同时进一步巩固和完善模块化系统性竞争，在竞争中实现模块化网络创新，并从商业模式的完善中升级全球价值链；张任之（2022）从以数据为主线推动制造业价值链数字化转型和以消费者需求为核心构建模块化生产网络出发，提出先进制造业要实现全球价值链的升级，必须提升关键技术的创新能力，充分发挥模块化生产网络的龙头企业在创新中的引领带头作用，并且要注意各环节的数据集成和共享，促进位于不同模块化生产节点的企业进行技术交流和知识转移，推动创新成果在模块化生产网络中扩散，为企业所在产业的全球价值链升级构建良好生态。针对制造业的协同创新网络，王和舒（Wang and Shu，2020）从产品模块化对协同创新影响的设想出发，构建了以客户为驱动、以模块为创新载体、具有可持续性的协同创新网络模型，指出制造业的模块化生产对构建模块化协同创新网络具有促进作用。凌丹和张小云（2018）提出企业在产品生产的过程中要突出模块化网络创新在技术层面创新的必要性，需力求技术突破，同时注重创新绩效，使整个产业拥有更多知识资本，将类似的知识资本灵活转移到价值链的各个阶段，并强调知识转移在模块化网络创新对全球价值链升级中的重要性。

结合上述学者的观点，本书将对模块化网络创新的关注立足于位于模块化生产网络节点上的企业对模块化生产网络协同创新所产生的影响，即考察先进制造业相关企业在模块化生产中，企业自身的创新经由模块化生产网络进行扩散所形成的产业层面的集合创新，此类创新具备网状特点，是企业创新通过模块化生产网络所达到的以点带面的结果。模块化网络创新是由不同企业在微观层面的创新经由模块化生产网络辐射之后的新局面，对企业所在行业的产业链升级具有推动作用，同时由于高技术行业的模块化程度高，此类创新在模块化生产网络中有着效率高、影响大等特点，对促进产业推出颠覆性新产品具有重要作用。

2.2.3 全球价值链升级理论

全球价值链由涉及生产过程的不同企业共同构成。安特拉斯（Antrás，2020）指出与传统的国际贸易不同，全球价值链往往涉及多个跨国企业，不同企业仅负责自身专精的生产部分，参与全球价值链生产的企业均能对最终产品产生价值增值。由于现代产品的生产高度模块化，尤其在技术密集型行业中，企业专注于自身技术的研发，仅参与产品生产的一小部分，不同企业作为产业链中相对独立的模块，与其他企业呈现出"松散耦合"的关系（苏东坡等，2018），使产业升级不再依托于价值链的升级；相反，参与价值链生产的不同企业通过加大研发投入、提高自身融入价值链的技术水平并顺势强化创新效益等举措，可使最终产品的功能在一定程度上得到升级，这也为企业所在行业的全球价值链升级奠定了微观层面的企业基础，企业在参与国际竞争时的话语权也会因此相对提高，促进产业在全球价值链中的地位提升，实现全球价值链升级的最终目的。

全球价值链地位是一国企业在参与国际竞争时的重要保障，全球价值链的嵌入程度对企业占领国际竞争高地有重要作用，同时也会影响企业国际化战略的实施程度（Lin et al.，2024）。然而随着全球化分工越发精细，发达国家和发展中国家在全球价值链参与过程中所扮演的角色日益稳定，价值链"低端锁定"的现象依然存在，发展中国家要突破现有价值链体系分工就需要寻求破局方法，即升级价值链的有效方案。

全球价值链近年来受贸易保护主义抬头、投资活跃度下降等因素的影响，重构趋势越发明显（李坤望等，2021），各个国家都在积极寻求全球价值链升级的路径。其中，发达国家期望通过价值链升级稳固自身在生产流程中的核心地位，凭借科技优势在"第四次工业革命"中继续领先；发展中国家则期盼重构现有的价值链分工，提高全球价值链的嵌入地位，实现生产的高水平化，完成国内产业升级。而且，昆和衡（Kun and Heng，2023）通过对中国上市公司进行研究，发现全球价值链的嵌入与企业的公益行为有一定关系，因此处于新型市场的企业在参与国际竞争时，可从社会责任角度提升企业公信力，推动低端嵌入的全球价值链实现一定程度的升级。

此外，随着数据要素和数字技术的发展，数字经济作为新经济形态逐渐成为全球经济增长的主要推力（佟家栋和张千，2022），全球价值链的升级锚定数字经济的强大力量也在逐步实现重构。鲁慧鑫和郭根龙（2022）从数字产品贸易的角度对全球价值链升级做了研究，通过考虑进口需求弹性，构建多产品企业模型并计算数字产品贸易限制指数，发现数字产品贸易限制对全球价值链升级的影响显著为负。这表明在当今数字化时代下，一国全球价值链的升级需要敞开国门，与产业链上不同国家进行知识交流，实现技术互助，达到融合发展的新阶段，避免贸易的单边主义。数字经济通过发挥自身的连接效应、成本节约效应和价值创造效应，影响国家全球价值链的参与，改变其空间布局与价值分配，从而实现升级（张艳萍等，2022）。掌握数字经济关键技术、强化数字基础设施建设并引导企业进行数字化改造，加强企业间对数字技术的交流、促进企业有关知识的流动转移对全球价值链升级具有重要意义和作用。

企业的创新行为对提升产业在全球价值链的地位有着重要作用，其活跃的创新活动与模块化生产存在密切联系（Choi et al.，2019）。这说明位于模块化节点上的企业的技术创新对于模块化网络创新具有正向反馈，进而对全球价值链升级起到推动作用。就模块化网络创新和全球价值链升级的关联研究来看，学者们多从创新产生的方式对价值链升级的影响和模块化生产网络中各企业的创新对相关产品生产的影响等方面展开。其中，针对产业链中各模块化节点的企业的创新，不同学者进行了不同层面的深入研究。梁中等

(2022)通过对包括电子器件制造、通用设备制造及计算机设备制造在内的19个细分行业的分析，提出中国高技术产业要想获得持续增值能力从而完成全球价值链攀升，创新投入必不可少，但由于高技术产业多具备知识密集型且创新投入风险高的特点，这种创新投入需要政府与市场互相驱动，推动不同行业，尤其是高精尖行业的自主创新，实现定点突破。这也从侧面反映出企业创新行为的实现需要注重产业协同，尤其是以先进制造业为代表的高技术产业，通过模块化生产网络强化企业联系，推动单个企业创新在生产网络中辐射，增强模块化网络创新效益，可以在一定程度上化解行业整体对于创新投入的高风险，并完成产业链上特定模块的创新，进而推动全球价值链地位的攀升。同时，模块化网络创新也有利于保护知识密集型高精尖产业的机密性，确保不同模块内企业的知识产权得到保障。

结合现有文献，本书对全球价值链升级的概念着眼于微观解释，在已有从中观行业层面利用"投入-产出表"进行衡量的基础上，落脚于企业对所在产业的带动作用，旨在利用企业的微观数据衡量全球价值链升级维度，从企业经营情况推测所在产业在全球竞争中所处地位，并对全球价值链升级程度进行测量。

2.2.4 知识转移理论

知识转移主要体现为企业发现或创造的新知识，包括新技术、新管理模式、新生产方式等在生产过程中进行流动。伊斯特比等（Easterby et al.，2008）以及布卢萨和塞加拉-赛普拉斯（Bou-Llusar and Segarra-Ciprés，2006）指出知识可以在不同的生产组织间进行流动，也可以在不同的企业间进行流动，企业针对生产行为进行的交流对促进自身实现产品升级有着重要作用。知识转移作为企业获得新知识、强化自身知识赋能的一个重要来源，在联结不同企业的过程中发挥着显著影响。模块化生产网络中的企业由于自身模块化生产的相对独立性,其创造的新知识需要借助生产网络实现扩散,这一行为对知识输出企业和知识输入企业的生产活动均能产生影响,即加快自身产品消化、促进模块化阶段性产品实现迭代,对最终产品的升级也有重要作用。企业的新知识借助模块化生产网络实现在不同企业间进行流转,所产生的效果将直接反映在自身的产品升级和产品销售方面,即知识转移的效果越好则产品升级速率越快,进而推动产品销售也越快。另外,知识转移是由企业的创新行为产生的新知识所致,位于模块化节点中的企业利用模块化生产网络转移新知识,促进模块化生产网络中其他企业实现升级,推动模块化网络创新的发生,这也有助于企业所在产业的价值链地位提升,在一定程度上成为全球价值链升级的新路径。

基于此,本书对知识转移的界定着眼于企业间知识转移对生产经营所产生的效果上。生产链上的企业实现知识创新后,通过模块化生产网络将新产生的知识进行传导,促进模块化网络创新的形成,同时知识在企业间的传递促进企业间经营情况的优化,加快自身产品实现技术升级,加速产品的跨周期迭代,对企业的产品库存消化起到正向促进作用,并且知识转移对经营情况的优化效果进一步通过模块化生产网络实现传导,加速生产链的技术升级与产品迭代,促进企业所在产业的全球价值链实现升级。

2.3 先进制造业模块化网络创新影响全球价值链升级的理论机理

2.3.1 模块化网络创新对全球价值链升级的影响机理

先进制造业相关企业通过模块化生产网络实现模块化网络创新,进而推动产业链上中下游的协同发展，促进相关产业的全球价值链升级。在创新赋能全球经济的时代，不同国家之间的贸易合作越发深入，各国企业之间的相互配合使得生产活动更加顺利。先进制造业作为高技术附加值产业的代表，其生产过程更加复杂化、分工更加精细化，是模块化生产程度较高的产业。先进制造业企业在进行产品加工时，往往隶属于模块化生产的某一节点，位于生产链条上一个独立的位置。由于最终产品的模块化特性，模块化生产网络中任一企业实施创新行为均会导致最终产品在功能或外观等方面出现一定程度的升级。同时，先进制造业因模块化程度高，位于模块化生产节点上的企业在完成自身创新升级后，创新行为可通过模块化生产网络进行辐射，进而推动整个产业实现模块化网络创新，促进产品迭代和技术升级。在产业的产品得到普遍升级之后，模块化网络创新的影响将逐步扩散至产业所在价值链，助力价值链地位的提升。

  先进制造业作为高精尖产业，在进行全球化竞争时模块化网络创新对其所在的全球价值链升级起到一定程度的正向反馈作用，并可从企业的经营状况加以反映。高精尖企业通过创新实现技术突破后，将产品逐步从国内市场推向国际市场，完成业务的海外布局，同时相关企业利用全球生产链的跨国属性，实现模块化生产的分工再细化。模块化生产节点上的先进制造业企业利用自身的创新突破，拓宽产品的海外业务通道，提高海外业务利润率，并带动产业链上中下游不同企业进行创新实践，进而模块化网络创新对产业链各个环节的产品升级均有重要影响。

  与此同时，企业产品的升级会带来相关经营效益的提升，并且参与全球价值链生产的过程对新产品的国际化推介也起到正向促进作用，这在一定程度上会加速企业的出口业务扩张，并实现全球业务的整合，扩大企业在全球贸易中的话语权。随着先进制造业企业不断地实现创新突破、产品迭代和业务整合，通过模块化生产网络所实现的模块化网络创新效益越发凸显，高精尖企业所在产业的全球价值链也相应地得到协同升级，实现生产链上中下游各环节企业的共同进步，进而提升价值链在全球竞争中的嵌入地位。

2.3.2　知识转移的中介效应及其影响机理

模块化生产企业通过知识转移进行新技术等方面的交流，促进自身及产业链企业的创新，推动模块化网络创新的形成，并以此实现产业进步，完成产业链的升级。位于模块化生产节点的企业由于处于模块化生产网络中，与其他节点的企业进行技术分享、管理经验交流等知识交流具备天然的便利性；同时，企业自身所创造的新知识也可通过模块化生产网络进行流动，丰富知识转移的渠道。企业创新需要大量的新知识，其他企业的知识输入是企业获取新知识的重要来源之一，模块化生产网络为企业间的知识转移提供了路径。企业在完成自身的创新行为后，创新效果依托模块化生产网络进行传递，创新所产生的新知识也因此而发生转移，位于生产链条上其他节点的企业在接受新知识后可针对性地进行知识吸收，对本企业的产品制造、组织管理、销售业务等生产活动实施对应的升级，履行本企业的创新行为。

模块化生产节点上的不同企业借助模块化生产网络进行知识共享，新知识在模块化生产网络中得以传播，企业的创新行为也从个体层面扩散至整个网络，实现模块化网络创新。在模块化生产方式下，产业创新的核心是新产品的系统集成创新和模块"背对背"创新，这需要厘清模块化网络创新实现的路径、蕴含的规律及其对产业价值链升级的影响，即企业在产品系统上的技术突破与模式升级可以通过模块化生产网络的协同创新扩散传导至产业链的上中下游，进而带动产业层面的大规模创新，由此实现全球价值链的地位跃迁。知识在模块化生产网络中的转移使产业链中各模块节点的创新行为相互影响，不同企业互相吸取经验，在突破性创新、成本控制和市场开发等方面获得知识转移带来的正向影响。

2.3.3 概念模型

本书的研究重点是探究先进制造业的模块化网络创新与企业所在产业的全球价值链升级之间的联系，为探讨这一影响的具体路径，引入知识转移这一中介变量，旨在更好地分析位于模块化节点的企业在产生创新行为后，相关的生产技术、营销模式等新知识如何通过模块化生产网络实现转移，进而与生产链条上的其他企业实现协同创新，促进全球价值链地位的攀升，推动相关产业在国际竞争中占据有利位置。

如图2-1所示，概念模型可以从模块化网络创新对全球价值链升级的直接影响、模块化网络创新对知识转移的影响以及知识转移对全球价值链升级的影响三条路径展开。其中，模块化网络创新从提供新的影响路径、产生的新特点及最终效果等方面进行内在机理的评价。

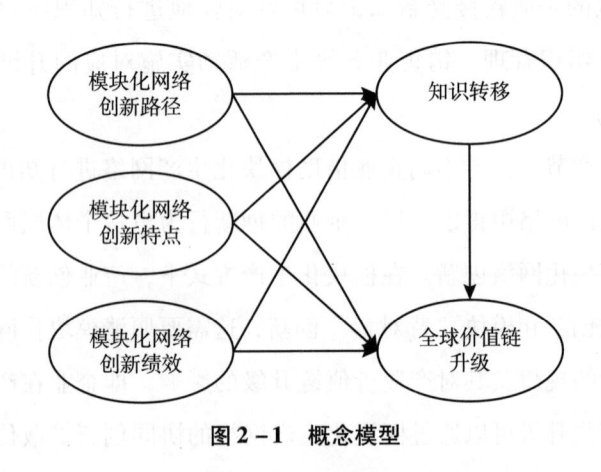

图2-1 概念模型

2.3.4 研究假设

模块化节点上的企业凭借模块化生产网络分工协作实现知识的迅速转移，

使企业的单一创新行为实现裂变，将新技术、新生产模式等优势在网络中得到快速传递，激发各类企业的创新潜力，整合优化产业链上中下游，提升企业在全球价值链中的整体地位。模块化网络创新可以有效地降低企业间的沟通壁垒，促进技术交流、知识转移和产品迭代。先进制造业的模块化厂商须善于构建基于知识流、信息流、价值流的创新协同平台，注重各环节的知识共享，增强自身在模块化节点上的系统性竞争力和价值变现能力，推动模块化网络创新及知识转移的持续发生和扩散。

对于中国先进制造业而言，需保持开放态势，以自身独特优势积极参与产业链的创新协作，及时将产业新动态、新信息、新技术等各类新知识应用于企业创新行为，加快关键模块技术创新和新产品产出，并将知识成果及时扩散和分享，提高与模块化生产网络其他成员间的知识转移成效，推动模块化网络创新更好实现，共同促进产业技术进步。从这点上看，企业间不同层面的知识转移对全球价值链升级也会产生影响，知识转移作为模块化网络创新影响全球价值链升级的一条路径，会起到重要的中介作用。综上所述，本书提出以下假设：

H1a：从高精尖企业海外业务盈利的视角来看，先进制造业模块化网络创新对全球价值链升级呈正向影响。

H1b：从高精尖企业全球贸易的视角来看，先进制造业模块化网络创新对全球价值链升级呈正向影响。

H2：先进制造业模块化网络创新对企业间的知识转移呈正向影响。

H3a：从高精尖企业海外业务盈利的视角来看，知识转移在先进制造业模块化网络创新与全球价值链升级之间起正向的中介效应。

H3b：从高精尖企业全球贸易的视角来看，知识转移在先进制造业模块化网络创新与全球价值链升级之间起正向的中介效应。

2.4 先进制造业模块化发展与全球价值链现状

2.4.1 先进制造业发展概况与瓶颈

制造业是大国根基，稳住制造业，是稳住经济大盘的关键之举。近年来，随着大数据、区块链等技术的兴起，先进制造业的发展日益加快，并肩负着环境友好、管理高效率与新技术不断迭代的历史使命。先进制造业是各国推动自身经济发展的重要途径和产业支柱，美国于 2012 年、2018 年分别出台了《先进制造业国家战略计划》和《美国先进制造业领导战略》，以期通过发展新制造技术、培训匹配劳动力和扩大国内产业链供应链能力来"保持国家竞争力"；日本在 2016 年提出"互联工业"，利用人工智能和数字信息技术对制造业的生产服务和运营系统进行全面优化升级；英国和德国也相继出台了相关发展计划及规章制度，立足在当今技术爆发的时代下实现技术升级，完成制造业的先进化，把握发展优势。

中国也先后出台了多项发展计划，其中，《中国制造 2025》是中国实施制造强国战略第一个十年行动纲领，强调了制造业的重要性以及中国利用先进制造业提升综合国力、保障国家安全的决心。制造业是实体经济的主体，是供给侧结构性改革的重要领域和技术创新的主战场，也是现代化经济体系建设的主要内容。制造业高质量发展是经济高质量发展的重要内容，关系到全面建成小康社会、全面建设社会主义现代化国家等关键战略，从根本上决定着中国未来的综合实力和国际地位。作为全球唯一一个拥有全部工业门类的国家，中国的制造业水平逐年提升，制造业对经济增长的带动作用也越发显著。2023 年，随着稳增长政策"组合拳"的有效实施，全年规模以上工业增加值同比增长4.6%，较2022年提升1个百分点，制造业总体规模连续14年位居全球第一。同时，中国的科技高附加值产品产量位居全球前列，并持续保持高速增长，在通信设备、航空航天、智能机械、新能源等领域，中国先进制造的实力全球领先，具有强大的竞争力。综合来看，中国先进制造业的综合实力仅次于美国、日本、德国等少数发达国家。

从制造业的增加值来看，2013~2022年来中国保持了较高的增长速度（如图2-2所示），也成为全球制造业规模最大的国家，但面临着"大而不强"的局面，在先进制造业相关领域与发达国家仍存在一定差距，在动力系统、高端传感器及高精度加工设备等领域存在大量短板。以芯片为例，作为中国半导体产业发展最早的芯片封装业虽处于领先地位，但仍以传统封装技术为主，先进封装技术水平显著落后于国际领先水平；另外，高精度芯片生产所需的高端光刻机、光刻胶等中间设备、材料依然需要进口，被"卡脖子"的僵局仍未打破，难以实现芯片产业的突破式发展。同时，与先进制造业生产密切相关的精密数控机床及高精度工业机器人等生产要素也无法自产，这在一定程度上阻碍了中国先进制造业的跨越式发展，也限制了数字化时代的创新转换。

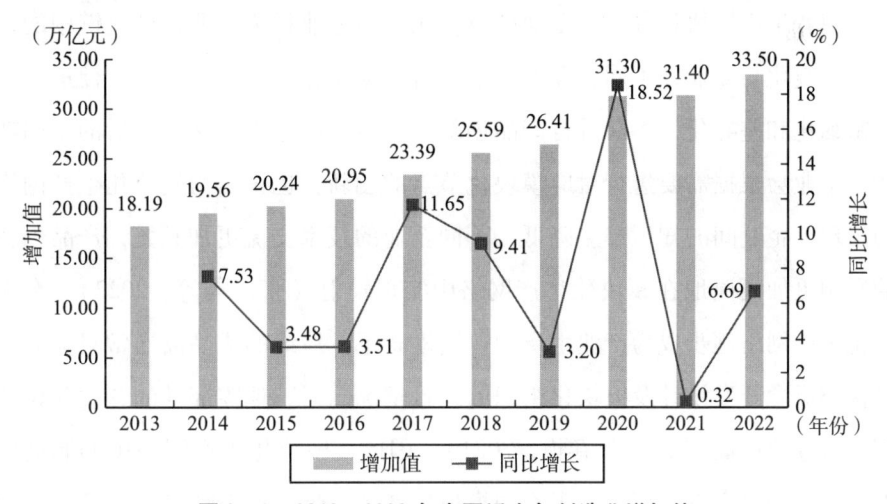

图2-2　2013~2022年中国近十年制造业增加值

资料来源：Wind数据库。

总体而言，随着一系列建设"制造强国"政策措施及行动纲领的颁布，中国先进制造业的发展质量得到了明显改善。不同地区均因地制宜地开展制造业园区建设，力促产业集聚效应，并大力发展国家创新中心，推动先进制造业在创新层面的有效突破。但由于先进制造业模块化程度较高，产业链上所涉及的企业较多，不同环节的工艺程度、技术要求均有所不同，中国在一些关键领域与发达国家相比仍存在一定差距，并且全球高端市场存在一定的壁垒效应，中国企业在掌握先进制造业技术、销售国际化高端制造业产品等方面面临着一定的歧视与困境，这也在一定程度上对中国先进制造业发展造成了阻碍。在中国大力推行以新质生产力引领高质量发展的态势下，应把握数字经济时代下的发展机遇，细化先进制造业的产业链分工，着力突破薄弱环节，掌握产品制造的关键领域，以创新优势打破技术垄断，提高自身在先进制造业生产链上的话语权，实现先进制造业的进一步发展。

2.4.2 先进制造业模块化发展现状与趋势

随着生产模块化分工的全面推行，先进制造业相关企业在产业链中的地位更加细化与专业，不同企业专注于自身在模块化节点上的生产，促进产品的精细化和差异化，不断进行产品创新。为适应产品模块化生产后的不同功能，企业会根据需要进行对应模块化节点的创新，也正因为模块化生产网络的出现，企业间的知识壁垒降低，不同企业的技术交流更加频繁，产品创新的影响更加便捷地在模块化生产网络中实现辐射（张虎翼等，2022）。在模块化生产网络逐步成为产业生产的普遍模式下，最终的成品商通常只关心产品核心概念开发设计及模块化组织的运行情况，而其他零部件的开发与设计都交由其他厂商完成（张春梅，2021），因此，模块化生产网络中的制造商拥有更大的自主创新权，位于不同模块生产节点上的制造商相继创新，从而在该产品的生产网络中形成良性氛围，技术进步经由模块化生产网络实现扩散，实现模块化生产网络创新。同时，同一产业内不同企业在不同产品生产过程中的创新也可借助模块化生产网络实现信息共享，促进产业内的技术交流，以良性竞争的方式推动企业合作，实现技术变现与融合。先进制造业高度模块化的生产模式促成了产业创新高效率的实现，同时推进创新效益在模块化生产网络中的扩散，推动模块化创新网络的形成。

从模块化相关的专利申请数量来看（如图2-3所示），以电力设备、计算机设备为代表的先进制造业的整体专利申请数量呈增多趋势，并且随着中国的新能源战略布局以及新能源汽车产业的蓬勃发展，相关产业的模块化专利申请数量呈井喷趋势。逐年增长的模块化创新数量为先进制造业搭建模块化创新网络提供了基础，相关企业可利用模块化生产网络实现创新效果的共享，构建模块化网络创新的新局面。先进制造业模块化生产网络整合各节点企业的优势资源，促进差异企业间不同能力的协同配合，通过产业链上中下游不同模块节点上的企业之间实现竞争和协作，产生创新优势，以此推动所在行业的技术进步。

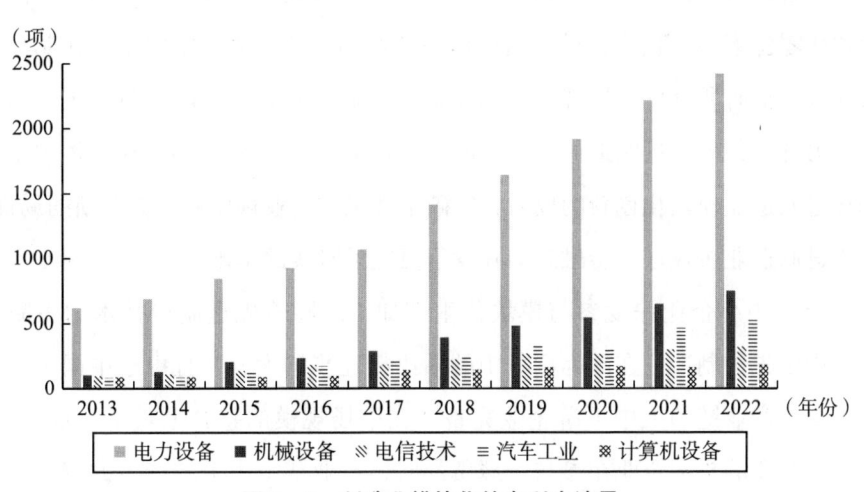

图2-3 制造业模块化的专利申请量

资料来源："中国专利"数据库。

先进制造业因技术附加值高,单一企业抗风险能力较差,模块化生产加强了企业间的联系,使成员企业得以分享模块化经济成果、共享创新效益并抵御生产要素供给波动所带来的系统性风险,增强产业链韧性。随着数字技术的深入应用,先进制造业的模块化生产呈全面性、差异化的趋势。

(1) 企业从模块供应商向模块系统集成商转型升级。中国的先进制造业起步较晚,在参与国际贸易时以代加工为主,相关企业在模块化生产网络中成为部分零件的供应商和组装商。随着改革开放逐步取得成效,中国企业在国际市场上的话语权逐渐增大,企业加强创新合作,利用国内大市场的韧性,促进技术创新,实现先进制造业模块化生产网络的技术进步,相关企业逐步从模块供应商向模块系统集成商转型升级,并带动本土中小企业参与到模块化生产中,实现产业链上中下游的本土化。

(2) 企业涉足模块系统设计,制定模块化生产规则。先进制造业企业在升级为模块系统集成商的同时,同步向模块系统设计领域转型。先进制造业多为高精尖技术集成行业,并多涉及新时代下生产力技术亟待突破的产业领域,如智能机器人、超级电脑等。这些产业所涉及的细分领域较多,所需的模块化零件繁多,且均为科技附加值高的产品。近年来,中国企业在芯片模块化设计上有所突破,展现出中国先进制造业积极融入国际竞争的决心和成效。另外,其他先进制造业中,例如,C919国产大飞机的问世充分体现了中国先进制造业模块化创新的成果,打破了大飞机产业规则被西方垄断的局面,为先进制造业企业进一步融入国际竞争奠定了坚实的基础。

(3) 中小企业深度参与模块化生产加工。随着先进制造技术的不断突破,中国先进制造业在国际竞争中的话语权逐步增大,并且由于中国工业门类齐全,产业链的上中下游企业完备,在市场规模的整合上具备一定优势。先进制造业的头部企业在参与全球贸易时,产业链上中下游产生的相关基础业务有利于国内中小企业的广泛涉足,中国内部大市场的制造业企业通过代加工等方式深度参与模块化生产网络,完成对产品模块化生产的融入。同时,中小企业的业务锚定往往更专一，经营业务更细化，对于大公司的模块化生产可更高效率地满足，通过模块化，中小企业可提供更契合大规模企业生产的配套服务，并从中获得更多收益，也深化了产业模块化程度，促进模块化生产网络点对点特异性产品创新的实现。

（4）产业园区集聚促进模块化生产效率提升。为支持区域制造业协同发展，中国各地打造了众多高新产业园区，吸引先进制造业相关企业入驻，高精尖企业通过地理位置的产业集聚发挥了模块化生产的便利性，提高了生产效率。高新产业园区既有利于生产成本的降低，也便于产业间的技术交流，新技术、新模式等新知识通过模块化生产网络实现更快转移，推进模块化网络创新的实质性运作。由地理位置带来的运输成本和交易成本的优势降低了企业间知识交流的壁垒，促进了模块化生产网络中不同节点企业的技术进步，也催化了先进制造业的技术升级，利于产品的快速迭代。

2.4.3　先进制造业全球价值链现状及问题

随着数字经济的兴起，数据作为生产要素对先进制造业的影响日益重要，基于数据要素的模块化分工进而实现的模块化网络创新对全球价值链升级有着重要作用。鲁慧鑫等（2022）指出先进技术企业在完成创新行为后，需要以技术密集型产品和服务体现国际竞争优势，从而占据高端市场，推动所在产业攀升至价值链的高端环节，而这也要求企业在如今数字经济的契机下提高自身与国际市场接轨的硬实力和软实力。针对企业的技术创新，赵玉林和高裕（2019）发现在驱动高技术产业全球价值链升级的过程中，基础创新、产品创新和创新绩效可从产业结构升级、产业效率提高及产品效益增加等方面起作用。这为模块化网络创新的方式提供了新视角，即位于模块化生产节点的先进制造业企业在融入国际生产的全球价值链时，可根据拟实现的不同效果而选择不同的创新方式，进而推动整个产业的全球价值链升级。由此可见，先进制造业的全球价值链升级在模块化网络创新的加持下有一定程度的新进展，不同模块化节点上的企业通过自身的技术创新实现对产业链上中下游不同企业的影响，进而推动产业所在价值链在国际贸易中的地位提升。

从进出口贸易的视角来看，中国的进出口贸易总额总体呈上涨趋势，但因先进制造业起步较晚，对全球价值链的嵌入仍以加工贸易的低端嵌入为主。由图2-4可知，中国的加工贸易进出口占比在1981~1998年大体呈迅速上涨的态势，而进入21世纪后随着中国技术升级及产品创新，加工贸易进出口占比逐渐降低，反映中国不同产业的全球价值链升级取得了一定成效。

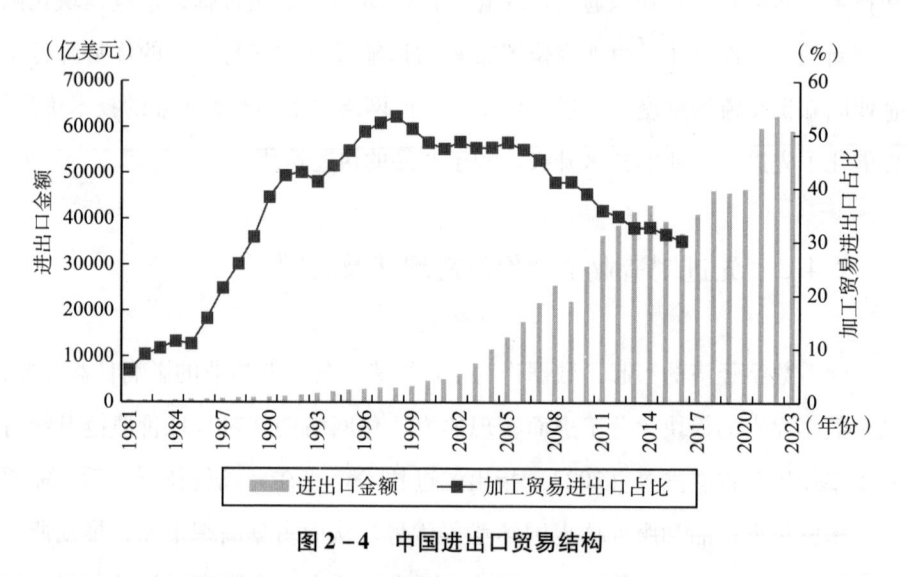

图2-4 中国进出口贸易结构

资料来源：Wind数据库。

但是，要在短时间内真正实现对已取得先发优势的发达国家的技术超越依旧存在一定难度，并且发达国家针对部分技术附加值高的产业实行了一定程度的技术封锁，对中国先进制造业的全球价值链全面升级构成了严峻挑战。就当前来看，主要面临如下问题：

（1）低端锁定突破程度不足。中国的制造业企业在加入国际贸易之初多以劳动密集型业务为主，在全球价值链中因自身技术能力不足而处在"低端锁定"的位置。近年来，随着中国的创新突破与技术革新，先进制造业企业的国际竞争力越发强大，在高铁、航空航天等领域实现了技术突破，构建了中国质量体系。但先进制造业涵盖范围较广，中国在一些关键领域尚未实现突破，并且在数字经济时代，人工智能相关产业的井喷式发展为先进制造业奠定了一定前景的同时也进一步拉大了差距，部分技术仍然受制于人。

（2）全球价值链高端嵌入仍存难点。在产业模块化大发展时代，高效推动产业的工艺升级、产品升级、功能升级和链条升级是国际复杂环境下实现先进制造业全球价值链高端嵌入的重要先决条件。就目前来看，先进制造业等深度模块化产业未能充分利用迅猛发展的全球先进信息技术及超大规模市场优势，企业间协同发展的格局尚未形成，难以实现对全球价值链的高端嵌入。因此，若想在模块化创新网络合作中累积高级生产要素，必须致力于产品架构、核心模块和新材料、顶尖制造、产业标准的突破创新，形成"创新成长＋市场拓展"的价值链高端嵌入机制，并突破先进制造业全球价值链下发达国家的技术封锁和贸易壁垒，以此获得平等竞争机会、全球产业链创新链共建机会、品牌推广机会与价值增值分享机会。

（3）"大而不强""全而不优"的现象未能得到有效根治。作为全球唯一一个拥有全部工业门类的国家，中国的产业链错综复杂，所形成的产业网覆盖了制造业的各环节。同时，中国的国内市场广阔，经济韧性强，潜在需求巨大，对拓宽价值链的深度和广度都具有先天的优势。然而，由于中国当下面临着经济增速放缓的压力，以及去杠杆、去库存的迫切需要，整体产业形势呈现"大而不强""全而不优"的现象，以先进制造业为代表的高端制造业尚无法有效扛起推进制造业现代化的大旗，所在产业的全球价值链也难以在短时间内迅速突破升级，这对中国如何在强化实体经济的条件下实现经济高质量发展提出了新挑战。

|第3章|
产业模块化网络创新与全球价值链升级（二）

本章构建了先进制造业模块化网络创新影响全球价值链升级的实证模型，设计了模块化网络创新、全球价值链升级和知识转移的测算指标，对先进制造业模块化网络创新影响全球价值链升级的研究假设以及知识转移的中介效应进行了实证分析，并对产业异质性做了拓展性评价，据此提出研究结论及政策建议。

3.1 先进制造业模块化网络创新影响全球价值链升级的实证分析

3.1.1 实证模型构建

根据前述模块化网络创新对全球价值链的影

响机制分析，为实证检验模块化网络创新对全球价值链升级的影响，本书采用以下实证模型对假设 H1a 和假设 H1b 进行检验：

$$L.GVC_{it} = \alpha_0 + \alpha_1 Moi_{it} + \sum_n \alpha_n Control_{it} + \varepsilon_{it} + \cdots \quad (3-1)$$

模型（3-1）中，GVC 代表全球价值链的升级程度，由于模块化网络创新的效果及企业的其他特征变动往往存在滞后性，对当期企业经营产生的效果难以直接体现，因而本书将全球价值链升级程度滞后一期再进行实证分析，以更贴近经济运行的实际情况。Moi 代表先进制造业的模块化网络创新程度，Control 代表控制变量，ε 代表随机扰动项；下标 i 代表先进制造业中不同产业的不同企业，t 代表时间；α_0 表示回归中的常数项，α_1 表示模块化网络创新的系数，α_n 表示模型所选控制变量的系数。

为进一步探究先进制造业模块化网络创新对全球价值链升级的影响机制，本书引入知识转移作为中介变量，构建如下中介效应模型：

$$Knt_{it} = \beta_0 + \beta_1 Moi_{it} + \sum_n \beta_n Control_{it} + \varepsilon_{it} + \cdots \quad (3-2)$$

$$L.GVC_{it} = \theta_0 + \theta_1 Moi_{it} + \theta_2 Knt_{it} + \sum_n \theta_n Control_{it} + \varepsilon_{it} + \cdots \quad (3-3)$$

模型（3-2）、模型（3-3）分别检验了知识转移、先进制造业模块化网络创新、全球价值链升级的影响关系，探究了知识转移作为影响因素在模型中的中介效应，其中，Knt 代表企业的知识转移。

结合模型（3-1）、模型（3-2）及模型（3-3）三个模型，可探讨知识转移在模块化网络创新与全球价值链升级中的影响效果，α_1 反映了模块化网络创新对全球价值链升级的总效应，θ_1 反映了模块化网络创新对全球价值链升级的直接效应，$\beta_1 \times \theta_2$ 反映了模块化网络创新对全球价值链升级的间接效应，即本书中知识转移的中介效应。当 β_1 显著时，表明知识转移与模块化网络创新之间存在关联，可以将知识转移作为中介变量引入实证研究的模型，探究模块化网络创新对全球价值链升级影响的具体路径；若 θ_1 和 θ_2 均显著，说明知识转移在先进制造业模块化网络创新对全球价值链升级的影响中呈现部分中介效应；若 θ_1 不显著而 θ_2 显著，则说明在先进制造业模块化网络创新对全球价值链升级的影响中，知识转移作为唯一路径，呈现完全中介效应。

3.1.2 变量测算

3.1.2.1 先进制造业模块化网络创新的测算

先进制造业是指技术附加值高的产业，多为高精尖行业，结合商黎（2014）和张富禄（2018）对先进制造业概念的研究，本书拟选取电子、电力、机械、国防军工、计算机及通信等六个产业作为研究对象。选取这六个产业作为先进制造业的代表，综合考量了产业的技术水平及模块化程度，在一定程度上体现出中国先进制造业重视创新、加强技术研发的特质。针对企业创新的测量，现有研究多从企业研发投入、专利申请数、新产品数量等具体方面，将企业的创新行为通过相应的生产指标进行反映。埃蒂拉杰等（Ethiraj et al.，2008）从企业的模块化生产入手，对位于企业在模块化节点中进行的创新构建了新的测量模型，用以评价模块化网络创新的效果，指出模块化网络创新应当包含位于模块化节点的企业对最终产品的附加值增值，以及企业创新对模块化生产网络实现协同创新的贡献，不同的模块化企业共同推动了模块化生产网络创新的实现。蒂瓦纳（Tiwana，2008）则通过对模块化生产中的企业联盟进行研究，指出位于模块化节点上的企业价值增值对模块化网络创新效果有着重要影响，并认为将企业创新对模块化最终产品的影响纳入考量才能更好地评价模块化网络创新的最终效果。结合王建军等（2020）的观点，本书从先进制造业中的核心企业出发，对模块化节点企业的创新成果进行重新评价，结合企业的经营状况对创新效率和创新效果进行重构，即考虑企业的研发投入、营业收入以及在模块化生产网络中的具体表现。

由于本书所选取的先进制造业代表产业的模块化程度较高，核心企业在模块化生产中处于联结上下游的重要位置，对经销商和供应商而言均有一定的话语权，因此本书在将企业创新纳入模块化网络创新时，考虑位于模块化节点上的企业在模块化生产中的重要性，即结合供应链集中指标对企业所在产业的模块化程度进行衡量，将企业创新效果纳入模块化网络创新效果的评价体系中，以科学评价企业创新效果对所在生产链的其他模块化企业的影响，平衡企业创新强但模块化影响低或企业创新较弱但在模块化生产网络中的影响较高等情况，更为客观地对先进制造业的模块化网络创新进行测算。

3.1.2.2 全球价值链升级的测算

目前针对全球价值链的测度多聚焦于产业整体的中观层面，利用"投入－产出表"对产业价值链的长度和所嵌入的位置进行测算。但因"投入－产出表"的数据更新并不连续，且许多产业的数据存在缺失，难以完整地对全球价值链相关指标进行衡量，尽管陈健等（2020）利用适时修正法（RAS法）补齐了"投入－产出表"中所有时间年限的数据，但由于空缺值过多，在一定程度上难以真实地反映全球价值链的真实情况。同时，"投入－产出表"衡量的是中观产业数据，且范围以地区划分，导致已有研究大多着眼于产业层面的价值链嵌入，难以及时反映特定产业内部企业的具体嵌入态势。

随着国际竞争的加剧，跨国企业间的贸易合作越发紧密，一国企业融入全球价值链生产的方式更加多样化，从微观企业视角研究全球价值链嵌入正趋增加（吕越等，2015；吴代龙和刘利平，2022）。另外，由于先进制造业的模块化程度高，企业间的国际合作较为深入，全球价值链更为细化，相关企业的创新活动和技术迭代对其所在产业的全球价值链升级具有重要影响，传统的"投入－产出表"难以从微观层面进行评价。根据吴小节等（2018）

对中国制造业全球价值链的研究，对全球价值链的测量可按产品出口价格、产品技术复杂度、垂直专业化指标及附加值贸易核算等四种方法进行分类，结合本书研究的关注对象，旨在从微观层面探讨中国先进制造业的全球价值链升级情况，因而采纳有关企业产品的相关方法进行核算。

具体而言，本书在测度全球价值链升级时，考虑企业在所选产业中的具体表现，从两个维度对企业所在产业的全球价值链升级进行评估。第一，从企业的海外业务盈利视角，选取企业在国际市场竞争中的参与度作为衡量的主要指标，以企业与产业整体的相对表现对全球价值链升级进行衡量，利用企业的海外业务效益与所在产业的平均值等指标综合考量企业所在产业的全球价值链升级程度；第二，从企业的全球贸易视角，选取反映企业整体经营效益的指标来衡量，以企业在全球范围内的销售情况作为评价标准，利用企业的销售总额反映其所在产业的景气度，以此评价企业所在产业的全球价值链升级程度。两种方法均从企业本身出发，再辐射到整个产业，旨在从微观视角更科学、更全面地衡量全球价值链升级，为全球价值链的测算方法提供新视角。

3.1.2.3 知识转移的测算

包括生产技术、管理模式、营销方式等新知识在企业间或不同生产组织间的流动构成了知识转移。位于模块化节点的企业利用模块化生产网络的特性，可更便捷地接收到来自其他节点的企业所产生的新知识的影响，同时自身创造或者获得的新知识也能通过模块化生产网络转移到其他节点。邓程等（2020）对知识转移在企业间的效果进行了分析，发现新知识在企业间的流动对新产品的开发速率有一定程度的影响，尤其是当企业间具备合作关系时，企业利用创新所产生的新知识更容易通过生产链条传递给另一企业。在以高新技术为主的制造业中，由于产业的模块化程度较高，模块化节点的企业可以利用模块化网络搭建知识延伸互通的框架，促进知识转移的发生（冯立杰等，2023），并且知识转移的效果最终会反映在新产品的研发上。

结合已有研究，并基于中国先进制造业企业的特点，本书将所选企业的模块化生产网络纳入考虑范围，并从知识转移的效果层面对该指标进行衡量。企业间的知识转移会促进产业的新产品实现快速迭代，位于模块化节点的企业在获得吸收而来的新知识后，也会将其内化、吸收为本企业的生产知识，以推动本企业的产品升级，加快产品的更新速率。同时，本书注重微观企业与中观产业间的耦合联系，强化企业与全球价值链之间的内在联系，因此在考虑企业的知识转移时，也将企业与产业的整体关系考虑在内，将企业产品迭代相关指标与企业所在产业的产品迭代速率、升级效果等集合指标一起纳入测量模型，综合反映企业的知识转移效果，以更科学地衡量知识转移在先进制造业模块化网络创新与全球价值链升级之间的影响。

3.1.3 变量选择及说明

3.1.3.1 被解释变量指标说明

本书聚焦于中国先进制造业的全球价值链升级程度（GVC），旨在从企业的微观角度出发，探究全球价值链升级的新路径。吴代龙和刘利平（2022）利用中国上市公司的数据，对企业在全球价值链地位攀升中的作用进行了分析。借鉴已有研究，本书拟选择中国先进制造业上市公司中的代表企业为主要研究对象，利用上市企业的微观表现对企业所在产业的全球价值链升级进行衡量。具体而言，本书将企业在海外的业务利润及全球销售总额作为评价全球价值链升级的基准指标，以企业的海外利润率、全球营业总额分别与所在产业的平均值相比，得到全球价值链升级程度的两种衡量方式,比值越大说明全球价值链的升级程度越高。利用产业整体的平均值对企业表现进行约束,可通过企业经营状况更科学地对所在产业的全球价值链进行评价,同时也为从微观企业角度研究全球价值链升级提供了新视角。

3.1.3.2 解释变量指标说明

本书以模块化网络创新(Moi)作为解释变量,着眼于企业创新在模块化生产网络中的扩散作用,考虑单个企业的创新行为对其他模块节点位置上的企业的影响,进而带动模块化生产网络实现模块化网络创新行为。哈格多恩和克鲁德(Hagedoorn and Cloodt,2003)通过对高科技企业的研究,指出企业的创新表现可以用研发相关的指标来衡量,如企业的专利申请数、研发投入金额、新产品投产数量等,并且由于这些指标的重叠性强,任何一项统计指标都能单独对高科技企业的创新行为进行衡量。结合王建军等(2020)的研究,本书利用企业的研发投入占营业收入的比例作为衡量企业创新的基础指标,同时利用企业的供应链集中度评价企业在模块化生产节点中的重要性,将供应链集中度与研发强度的比值作为衡量模块化网络创新程度的指标。供应链集中度包含企业的销售方和供应方,能全面地对企业在模块化节点上的生产作用进行衡量。模块化网络创新指标反映了企业的单位研发强度所导致的供应链集中度,综合反映了企业的创新行为对位于模块化生产网络其他节点上的企业的影响程度,该指标越高,说明企业在模块化生产网络中的辐射能力更大,所导致的模块化网络创新程度也相应更高。

3.1.3.3 中介变量指标说明

本书关注的中介变量是知识转移(Knt),新知识在企业间进行流动并促进了企业间的交流,这对生产技术的调整、管理模式的更新以及新产品的迭代有着重要作用。蒂斯等（Teece et al.，2009）在研究中指出，企业在生产中意识到某种知识缺乏时，会因为产生"知识落差"进而产生转移知识的需要，知识的输出方和接收方通过生产链的联系，利用模块化生产网络的交流通道，可更为便利地实现知识传播，最终结果是促进知识转移双方的生产效率得到提升。现有研究多通过问卷调查的形式对知识转移进行衡量，所获取的数据容易受到被调查者主观行为的影响。本书在已有研究对知识转移衡量的基础上，将知识转移的效果进行具化，考虑到企业在进行知识转移后，冀望达到的最终目的均与自身生产有关，无论是技术升级还是营销模式更新，企业的知识转移效果都会反映在产品的更新效果与迭代速率上。因此，结合冯立杰等（2023）对知识转移测量方式的研究，本书将企业的存货周转率引入知识转移评价中，以企业的存货更新速率反映知识转移的效果。同时，为了更切实地反映企业知识转移的实际效果，并为了凸显企业知识转移对产业链中其他企业的作用，将企业所在产业的整体均值纳入考虑，即以企业的存货周转率与所在产业的样本平均值之比来表示某一企业当年的知识转移程度。企业所在产业的平均值在一定程度上可消除企业单个数据的极端情况，并且能反映出企业与产业中其他企业的关联程度，所构建的新指标更贴切地描述了先进制造业中的单个企业所进行的知识转移在模块化生产网络中的实际影响，从而为研究模块化网络创新与全球价值链升级之间的影响路径提供新视角。

3.1.3.4 控制变量指标说明

鉴于本书以上市企业为研究对象，参考韩明华和陈汝丹（2014）、赵树宽等（2022）的相关研究，拟从企业的经营情况、财务情况等方面选取控制变量，具体如下：

一是经营规模（$Size$），以企业总市值进行衡量。企业的经营规模反映了企业在产业中是否具有足够的话语权，企业市值越大则反映出企业在该产业的地位越高，进而在模块化生产网络中占据相对重要的地位。另外，经营规模越大的企业所产生的创新更容易经由生产网络实现扩散，对产业的全球价值链升级产生一定的影响作用。

二是财务杠杆（Fil），以资产负债率进行衡量。财务杠杆反映了企业的经营状况，资产负债率可体现企业的扩张能力。企业在越有潜力的领域开发新业务，负债则越多，资产负债率越高，企业潜在的为创新付出的努力越大，带动其他模块节点上的企业实现模块化网络创新进而促进所在产业全球价值链升级的可能性也就越大。

三是股权密度（Eqd），以前十大股东控股占比进行衡量。股权密度即企业的股权集中程度，反映企业生产经营所作的决策是否由富有经验的决策者制定，即股权密度越高，企业的发展越良性，更可能做出有利于企业发展的创新行为，从而促进正向影响的扩散，推动企业所在产业的全球价值链实现升级。

四是无形资产率（Nar），以企业的无形资产占总资产的比率进行衡量。无形资产率反映企业商誉、流动现金、知识创造能力等综合水平，企业在进行知识转移时，由于知识是无形资产的组成部分，对促进新产品消化、管理模式更新等方面将有显著效果，企业的无形资产率可进一步反映经营活动和创新效果的好坏。

五是盈利能力（Roa），以企业的整体资产回报率进行衡量。利用企业整体资产的回报率来考量企业的盈利能力，可综合反映企业的经营效益、投资能力及应对风险能力。盈利能力越强，企业更有资本开发新产品以提高市场占有率，这为企业的研发投入提供了保障，利于企业创新行为的实现，也使企业对所在产业的全球价值链升级有一定的促进作用。

六是市场价值（Toq），以企业的托宾 q 值进行衡量。企业的市场价值反映企业在市场中的成长能力，企业的成长性越好，市场价值也就越大，这在一定程度上会影响企业的创新能力和活力，进而对产业的全球价值链升级产生影响。

具体变量指标及构建方法，如表3－1所示。

表3－1　　　　　　　　　变量说明

变量种类	变量符号	具体指标	构建方法
被解释变量	GVC_p	全球价值链升级程度	以企业的海外业务利润率与产业平均海外业务利润率之比表示
	GVC_r		以企业的全球营业收入与产业平均营业收入之比表示
解释变量	Moi	模块化网络创新程度	以企业的供应链集中度与研发强度之比表示
中介变量	Knt	知识转移程度	以企业的存货周转率与产业平均存货周转率之比表示
控制变量	$Size$	经营规模	以企业的总市值表示
	Fil	财务杠杆	以企业的资产负债率表示
	Eqd	股权密度	以企业的前十大股东的持股比例表示
	Nar	无形资产率	以企业的无形资产与总资产之比表示
	Roa	盈利能力	以企业的整体资产回报率表示
	Toq	市场价值	以托宾q值表示

3.1.4　样本及数据来源

本书旨在从微观企业角度探究先进制造业模块化网络创新对企业所在产业全球价值链升级的影响，故选择2013~2022年沪深两市相关高精尖制造业上市企业十年的面板数据作为研究样本。样本的具体筛选过程如下：第一，产业筛选。针对先进制造业的特点，挑选模块化程度高、技术密集的产业作为研究对象，根据2021版申万行业分类标准的目录，选取电子、电力设备、机械装备、国防军工、计算机设备、通信设备六个产业作为先进制造业的代表产业。第二，为保证研究企业的经营持续性与发展潜力，剔除标记为 ST 和 *ST 的上市企业。第三，利用国泰安数据库、Wind 数据库、同花顺数据库对企业样本的筛查，对指标缺失较多的企业进行剔除，避免对实证结果的准确性产生影响。

经过筛选，本书最终得到 543 个先进制造业企业样本，研究的时间跨度为 10 年，每个指标共 5430 个观测样本。

3.1.5 数据初步分析

3.1.5.1 描述性统计

经过数据筛选及预清洗，将所有数据保留 2 位小数，得到变量描述性统计表，如表 3-2 所示。其中，企业的经营规模单位为"亿元"，财务杠杆、股权密度、盈利能力的单位为"%"，其余指标均为各自独立的衡量单位。从变量描述性统计中可发现，不同变量之间的数据表现差距较大，如在最小值中，股权密度与无形资产率相差了几万个单位。不仅如此，同一指标的波动也较大，如经营规模的极值差距超过 4800 亿元，平均值仅 150 亿元左右，方差超过了 270 亿元。另外，由于全球价值链升级的指标与知识转移的指标在测算时考虑了企业所在产业的平均值，因此变量整体的均值为 1；由于变量保留 2 位小数，知识转移程度的最小值无法在 2 位小数内显示完全，因此数据显示为 0.00，实际值为非零常数。鉴于不同指标间的数据值差距较大，且同一指标的数据极差也较大，为避免量纲差距对后续研究造成波动，导致无法真实反映先进制造业模块化网络创新对全球价值链升级的影响，因而在后续研究中对各产业数据进行归一化处理，确保实证结果的可阅读性、平稳性和科学性。

表 3-2　　　　　　　　　　变量描述性统计

指标	变量符号	观测数量	平均值	方差	最小值	最大值
全球价值链升级程度	GVC_p	5430	1.00	4.49	-4.08	215.77
	GVC_r	5430	1.00	2.55	-0.19	45.00
模块化网络创新程度	Moi	5430	10.13	34.68	0.27	1139.00
知识转移程度	Knt	5430	1.00	9.22	0.00	665.92
经营规模	Size	5430	151.68	276.30	8.07	4884.49
财务杠杆	Fil	5430	43.30	18.77	1.11	286.10
股权密度	Eqd	5430	11.76	22.60	0.09	92.74
无形资产率	Nar	5430	0.04	0.08	2.32×10^{-6}	3.56
盈利能力	Roa	5430	2.00	10.45	-351.478	106.19
市场价值	Toq	5430	2.11	1.73	0.06	29.91

3.1.5.2　相关性分析

利用 Stata 统计软件进行变量的相关性检验，得到如表 3-3 所示的变量相关系数表。相关性检验结果显示，任意两个变量之间的相关性系数的绝对值基本小于 0.3；另外，对角线为各变量平均方差抽取值 AVE 的平方根，均大于其所在行列的其他相关系数值，说明本书所选取的变量之间的相关性不明显，可利用现有数据进行实证分析。

表 3-3　　　　　　　　　　变量相关系数

变量	GVC_p	GVC_r	Moi	Knt	Size	Fil	Eqd	Nar	Roa	Toq
GVC_p	1.00									
GVC_r	0.09 ***	1.00								
Moi	0.14 ***	0.26 ***	1.00							
Knt	0.05 ***	0.08 ***	0.18 ***	1.00						

续表

变量	GVC_p	GVC_r	Moi	Knt	Size	Fil	Eqd	Nar	Roa	Toq
Size	0.11***	0.72***	0.06***	0.06***	1.00					
Fil	0.21***	0.48***	0.38***	0.07***	0.30***	1.00				
Eqd	0.16***	0.14***	0.10***	0.11***	0.14***	0.08***	1.00			
Nar	0.22***	-0.11***	-0.01	0.13***	-0.04**	0.01	0.11***	1.00		
Roa	-0.29***	-0.07***	-0.26***	-0.08***	-0.02	-0.40***	-0.08***	-0.16***	1.00	
Toq	0.17***	-0.15***	0.03**	0.07***	0.06***	-0.20***	0.13***	0.09***	0.01	1.00

注：***、**、*分别表示在1%、5%、10%的显著性水平上显著。

3.1.5.3 多重共线性检验

为避免出现伪回归的现象，利用 Stata 统计软件对解释变量进行方差膨胀因子（VIF）分析，其结果如表3-4所示。本书所选指标的 VIF 值均远小于10，说明变量之间的关联较小，不存在严重的多重共线性。

表3-4　　　　　　　　解释变量方差膨胀因子

变量	Fil	Roa	Moi	Size	Toq	Nar	Knt	Eqd	均值
VIF	1.58	1.27	1.24	1.16	1.11	1.07	1.06	1.06	1.19
1/VIF	0.63	0.79	0.80	0.86	0.90	0.94	0.94	0.94	—

3.1.6 实证结果分析

利用豪斯曼（Hausman）检验对固定效应模型和随机效应模型进行选择，结果显示 P 值为 0.000，因此强烈拒绝原假设，选择固定效应模型作进一步探究，同时考虑时间固定效应和企业固定效应。先进制造业模块化网络创新对企业所在产业全球价值链升级的影响结果如表3-5和表3-6所示。

表 3-5　模块化网络创新影响全球价值链升级的逐步回归分析
（海外业务盈利视角）

变量	(1)	(2)	(3)	(4)	(5)	(6)	(7)
Moi	0.0451*** (0.00)	0.0439*** (0.00)	0.0493*** (0.00)	0.0483*** (0.00)	0.0509*** (0.00)	0.0543*** (0.00)	0.0489*** (0.00)
$Size$		-0.0437*** (0.00)	-0.0440*** (0.00)	-0.0360** (0.01)	-0.0321** (0.02)	-0.0297** (0.03)	-0.0520** (0.03)
Fil			-0.0493*** (0.00)	-0.0366*** (0.00)	-0.0414*** (0.00)	-0.0492*** (0.00)	-0.0334*** (0.01)
Eqd				0.0795*** (0.00)	0.0754*** (0.00)	0.0765*** (0.00)	0.0623*** (0.00)
Nar					0.0516*** (0.00)	0.0493*** (0.00)	0.0439*** (0.00)
Roa						-0.0310* (0.07)	-0.0305* (0.07)
Toq							0.0712*** (0.00)
常数项	0.0451*** (0.00)	0.0325*** (0.00)	0.0437*** (0.00)	0.0254*** (0.00)	0.0213*** (0.00)	0.0460*** (0.00)	0.0388*** (0.01)
R^2	—	—	—	—	—	—	0.55

注：***、**、*分别表示在1%、5%、10%的显著性水平上显著；括号内为P值；R^2为固定效应的全局R^2；固定效应模型同时控制了企业固定效应和时间固定效应。

表 3-6　模块化网络创新影响全球价值链升级的逐步回归分析（全球贸易视角）

变量	(1)	(2)	(3)	(4)	(5)	(6)	(7)
Moi	0.0255** (0.04)	0.0330*** (0.01)	0.0286** (0.02)	0.0291*** (0.01)	0.0280** (0.02)	0.0307*** (0.01)	0.0360*** (0.00)

续表

变量	(1)	(2)	(3)	(4)	(5)	(6)	(7)
$Size$		0.2692 *** (0.00)	0.2695 *** (0.00)	0.2653 *** (0.00)	0.2635 *** (0.00)	0.2655 *** (0.03)	0.2874 *** (0.03)
Fil			0.0401 *** (0.00)	0.0335 *** (0.00)	0.0356 *** (0.00)	0.0292 *** (0.00)	0.0138 (0.17)
Eqd				−0.0414 *** (0.00)	−0.0396 *** (0.00)	−0.0386 *** (0.00)	−0.0247 *** (0.01)
Nar					−0.0230 ** (0.01)	−0.0249 *** (0.01)	−0.0195 ** (0.03)
Roa						−0.0256 * (0.07)	−0.0261 * (0.06)
Toq							−0.0698 *** (0.00)
常数项	0.0727 *** (0.00)	0.0599 *** (0.00)	0.0508 *** (0.00)	0.0603 *** (0.00)	0.0621 *** (0.00)	0.0825 *** (0.00)	0.0896 *** (0.00)
R^2	—	—	—	—	—	—	0.67

注：*** 、** 、* 分别表示在 1%、5%、10% 的显著性水平上显著；括号内为 P 值；R^2 为固定效应的全局 R^2；固定效应模型同时控制了企业固定效应和时间固定效应。

从结果中可以发现，在考虑了所有控制变量之后，无论从海外业务盈利的视角还是从全球贸易的视角来看，主要解释变量模块化网络创新程度（Moi）的系数均显著为正（$\alpha_1 = 0.0489$，$P < 0.01$；$\alpha_1' = 0.0360$，$P < 0.01$），验证了假设 H1a 和假设 H1b，即企业创新行为可通过模块化生产网络得到扩散，并对企业所在产业的全球价值链升级会产生正向影响。这种正向影响在企业的海外业务效益和全球贸易效益中起不同作用，从企业的海外业务盈利视角来看，模块化网络创新程度每提升 1 个单位，企业所在产业的全球价值链升级程度会相应受到约 0.05 个单位的促进影响；而从企业的全球贸易视角

来看，这种促进作用相对减少了约 0.01 个单位。原因可能是企业在通过模块化网络创新实现技术升级进而完成产品迭代后，新产品有更大的优势参与国际市场竞争，降低生产成本的同时提高产品的附加值，增加了产品利润，对比全球营业收入而言，海外业务利润率受到的提升更大，对全球价值链升级的促进作用更明显。

控制变量方面，除盈利能力对全球价值链升级的影响方向一致外，其余控制变量对全球价值链升级的影响方向均相反，这在一定程度上反映出从企业的微观视角对所在产业的全球价值链升级进行衡量时，企业的战略目标差异对所在产业的全球价值链升级有不同的影响效果。若着眼于产业在国际市场的竞争程度，从企业的海外业务盈利情况考量行业的全球价值链升级，则企业的经营规模和财务杠杆对先进制造业全球价值链升级有显著的负向影响（$\alpha = -0.0520$，$P < 0.03$；$\alpha = -0.0334$，$P < 0.01$），而企业的股权密度、无形资产率和市场价值有显著的正向影响（$\alpha = 0.0623$，$P < 0.01$；$\alpha = 0.0439$，$P < 0.01$；$\alpha = 0.0712$，$P < 0.01$），说明企业的经营规模和财务杠杆对全球价值链升级的影响具有边际效用递减的作用，企业市值的过度增加和资产负债率的过度提升会在一定程度上阻碍企业参与过度竞争，尤其在目前中美贸易摩擦持续不断的情况下，龙头企业会面临海外市场"木秀于林，风必摧之"的尴尬局面，从而影响自身的海外业务利润率。这也从侧面反映出企业在参与国际化竞争时不应只追求企业体量的增加，进行资本扩张应结合产业的整体状况，并考虑自身的经营实力，避免盲目扩大生产而阻碍了自身的创新活动，影响企业资本的流动性，从而对创新行为产生负面影响，抑制模块化生产网络的平稳运行，给产业的全球价值链升级造成非必要的系统性风险。而股权密度、无形资产率和市场价值的正向影响体现出海外市场更关注企业本身的创新价值，企业应加强自身的知识创造，进而提高模块化网络创新程度，并以此促进所在产业的全球价值链升级。若着眼于企业的全球贸易，则企业的经营规模对先进制

造业全球价值链升级有正向影响（$\alpha' = 0.2874$，$P < 0.03$），而财务杠杆的影响相对不显著（$\alpha' = 0.0138$，$P < 0.17$），说明企业在扩张全球业务时，企业体量对产品的销售会起到显著作用，尽管从海外业务盈利的视角出发，企业的大体量对产业的全球价值链升级有负面影响，但大规模企业享有相应产品的绝对话语权，在开展全球贸易时依旧能取得优势地位，以此推进产业所在的全球价值链地位提升。

综合来看，企业在参与全球价值链生产时，需注重自身模块化节点的地位，加大自身的创新投入，注重企业创新成果带来的产业联动效应，同时动态调整自身的战略目标，避免只追求海外业务的扩张或全球贸易额度的增加而导致所在产业的全球价值链升级受阻。企业在参与国际竞争时，应结合自身的经营情况，注重原创知识的生产，利用模块化生产网络实现模块化网络创新，提高产品的质量，不过度追求产业中的垄断生产地位。另外，企业需提高自身的影响力并发挥模块化生产的优势，才能突出体现在模块化生产节点不可替代的市场价值，以此形成产业模块化创新网络，推动产业链更新及新产品的加速迭代，促进企业所在产业的全球价值链升级，提高中国产业在全球竞争中的优势。

3.2 拓展性分析

3.2.1 知识转移的中介效应分析

将知识转移和模块化网络创新等变量纳入模型（3-2）进行回归分析，结果如表3-7所示。

表 3-7　　　　　　　模块化网络创新影响知识转移的回归分析

变量	Knt
Moi	0.1385 *** (0.00)
Size	0.0037 (0.37)
Fil	-0.0199 * (0.06)
Eqd	0.0049 (0.29)
Nar	-0.0207 ** (0.03)
Roa	-0.0839 *** (0.00)
Toq	0.0073 (0.21)
常数项	0.1090 *** (0.00)
R^2	0.30

注：*** 、** 、* 分别表示在1%、5%、10%的显著性水平上显著；括号内为 P 值；R^2 为固定效应的全局 R^2；固定效应模型同时控制了企业固定效应和时间固定效应。

从回归结果中可发现，模块化网络创新对知识转移有显著的正向作用（$\beta_1 = 0.1385$，$P < 0.01$），验证了假设 H2，即先进制造业模块化网络创新对企业间的知识转移呈正向影响，企业所实现的创新在模块化生产网络中每得到 1 个单位的扩散，会相应地导致相关的新知识、新技术等出现约 0.14 个单位的转移，这在一定程度上从企业的相关产品轮转程度、新旧产品的迭代速度等方面反映出来。另外，企业的财务杠杆、无形资产率和盈利能力也对知

识转移产生了显著的影响，说明企业的知识转移效果受到多种因素的共同作用，并且作用方向有所差异。这也意味着企业在模块化生产中，除了提高自身的模块化创新能力，也需要注重与其他企业的关联程度，确保自身的经营状况对构建产业模块化创新网络尽可能起到正向的促进作用。新技术、新生产模式等新知识沿着模块化生产网络流动时，要注重新知识生产的联动作用，推动产业链上中下游的生产效率同步提升，以此助力企业所在产业的全球价值链完成升级。

将知识转移作为中介变量加入模型中，从海外业务盈利和全球贸易的视角对知识转移的中介效应进行回归分析，以验证假设 H3a 和假设 H3b，结果如表 3-8 和表 3-9 所示。

从回归结果来看，无论从海外业务效益还是全球贸易的角度，先进制造业企业间的知识转移对全球价值链升级都有显著的正向影响（$\theta_2 = 0.0348$，$P < 0.05$；$\theta_2' = 0.0570$，$P < 0.01$）；同时，模块化网络创新依旧具有显著的正向影响（$\theta_1 = 0.0431$，$P < 0.01$；$\theta_1' = 0.0256$，$P < 0.03$），但影响系数相应降低，说明知识转移在模块化网络创新对全球价值链升级的影响中呈现部分中介效应。根据温忠麟等（2022）的理论观点，中介效应的效果量为 $(\beta_1 \times \theta_2)/\alpha_1$，本书从海外业务盈利和全球贸易的视角对先进制造业影响全球价值链升级进行分析，知识转移的中介效应效果量分别为 9.86% 和 21.93%。可以看出，知识转移在企业影响本产业的全球价值链升级时，从全球贸易视角的效果更明显，说明企业在参与国际竞争时，尤其是抢占全球市场份额时，注重自身的新知识创造及促进知识基于模块化生产网络的流通较为关键。同时企业在融入全球化生产的过程中，应不断重视自身对创新的追求，扩大创新行为在产业链上中下游的影响，利用模块化生产网络促进新技术、新营销模式等新知识在企业间的流动，并通过自身的影响力带动其他模块化节点上的企业实现创新突破。

第3章 产业模块化网络创新与全球价值链升级（二）

表 3-8 知识转移对模块化网络创新影响全球价值链升级的中介效应（海外业务盈利视角）

变量	(1)	(2)	(3)	(4)	(5)	(6)	(7)	(8)
Moi	0.0451*** (0.00)	0.0439*** (0.00)	0.0493*** (0.00)	0.0483*** (0.00)	0.0509*** (0.00)	0.0543*** (0.00)	0.0489*** (0.00)	0.0431*** (0.00)
Size		−0.0437*** (0.00)	−0.0440*** (0.00)	−0.0360*** (0.01)	−0.0321** (0.02)	−0.0297** (0.03)	−0.0520** (0.03)	−0.0522** (0.00)
Fil			−0.0493*** (0.00)	−0.0366*** (0.00)	−0.0414*** (0.00)	−0.0492*** (0.00)	−0.0334*** (0.01)	−0.0324*** (0.01)
Eqd				0.0795*** (0.00)	0.0754*** (0.00)	0.0765*** (0.00)	0.0623*** (0.00)	0.0621*** (0.00)
Nar					0.0516*** (0.00)	0.0493*** (0.00)	0.0439*** (0.00)	0.0446*** (0.00)
Roa						−0.0310* (0.07)	−0.0305* (0.07)	−0.0274* (0.05)
Toq							0.0712*** (0.00)	0.0710*** (0.00)
Knt								0.0348** (0.05)
常数项	0.0451*** (0.00)	0.0325*** (0.00)	0.0437*** (0.00)	0.0254*** (0.00)	0.0213*** (0.00)	0.0460*** (0.00)	0.0388*** (0.01)	0.0318*** (0.00)
R^2	—	—	—	—	—	—	0.55	0.58

注：***、**、*分别表示在1%、5%、10%的显著性水平上显著；括号内为P值；R^2为固定效应的全局R^2；固定效应模型同时控制了企业固定效应和时间固定效应。

表3-9 知识转移对模块化网络创新影响全球价值链升级的中介效应（全球贸易视角）

变量	(1)	(2)	(3)	(4)	(5)	(6)	(7)	(8)
Moi	0.0255** (0.04)	0.0330*** (0.01)	0.0286** (0.02)	0.0291** (0.01)	0.0280** (0.02)	0.0307*** (0.01)	0.0360*** (0.00)	0.0256** (0.03)
Size		0.2692*** (0.00)	0.2695*** (0.00)	0.2653*** (0.00)	0.2635*** (0.00)	0.2655*** (0.03)	0.2874** (0.03)	0.2871** (0.03)
Fil			0.0401*** (0.00)	0.0335*** (0.00)	0.0356*** (0.00)	0.0292*** (0.00)	0.0138 (0.17)	0.0156 (0.12)
Eqd				−0.0414*** (0.00)	−0.0396*** (0.00)	−0.0386*** (0.00)	−0.0247*** (0.01)	−0.0250*** (0.01)
Nar					−0.0230*** (0.01)	−0.0249*** (0.01)	−0.0195** (0.03)	−0.0184** (0.04)
Roa						−0.0256* (0.07)	−0.0261* (0.06)	−0.0204 (0.15)
Toq							−0.0698*** (0.00)	−0.0701*** (0.00)
Knt								0.0570*** (0.00)
常数项	0.0727*** (0.00)	0.0704*** (0.00)	0.0576*** (0.00)	0.0483*** (0.00)	0.0578*** (0.00)	0.0596*** (0.00)	0.0896*** (0.00)	0.0827*** (0.00)
R^2	—	—	—	—	—	—	0.67	0.69

注：***、**、*分别表示在1%、5%、10%的显著性水平上显著；括号内为P值；R^2为固定效应的全局R^2；固定效应模型同时控制了企业固定效应和时间固定效应。

另外，本书中解释变量的系数相对都较小，这与中国在参与国际化竞争时所处的地位有关。先进制造业在融入全球范围内的模块化生产网络时，企业自身的产品附加值决定了本国相关产业的发展程度，同时全球市场与中国市场在产品追求方面有一定差异，不同市场的消费偏好和消费层次影响了企业在进行创新时的方向及所需的新知识水平。中国经过改革开放40多年来的迅猛发展，已进入努力实现经济高质量发展的新时代，嵌入全球价值链的地位正努力从低端环节向高端迈进，这也正是本书旨在为先进制造业发展探明的方向，企业在进行国际地位跃迁时应注重新产品的研发，加大创新力度，形成规模创新效益，充分吸收知识流动带来的优势，形成技术升级和产品迭代的正向反馈，促进相关产业的全球价值链升级。总体而言，相关核心解释变量的回归系数显著，达到了模型的预期效果，说明所关注的自变量对因变量有显著影响。国际竞争环境多变、国内外消费者偏好差异及先进制造业生产模块化程度高等因素对研究结果均产生了一定影响，说明产业的全球价值链升级路径并非单一，这也对中国的先进制造业提高自身的国际竞争力水平提出了更高的要求。

3.2.2 稳健性分析

为了确保模型的有效性及回归结果的准确性，本书从两个维度对实证研究进行稳健性分析。

（1）添加当年的全球价值链升级程度作为自变量，考虑其对自身的影响作用。在实际生产中，先进制造业相关企业利用模块化生产网络实现创新效果的传导，带动其他模块化节点的企业完成创新，并推动所在产业的全球价值链升级，这一过程所产生的影响会持续存在于模块化生产网络中，即全球价值链当年的升级效应会对下一年产生一定程度的余温作用。稳健性分析的结果如表3-10所示。

表 3-10　　考虑全球价值链自身影响的稳健性分析

变量	海外业务盈利视角			全球贸易视角		
	(7)	(8)	(9)	(7)	(8)	(9)
Moi	0.0489 *** (0.00)	0.0431 *** (0.00)	0.0421 *** (0.00)	0.0360 *** (0.00)	0.0256 ** (0.03)	0.0148 * (0.10)
Knt		0.0348 ** (0.05)	0.0252 * (0.08)		0.0570 *** (0.00)	0.0243 ** (0.03)
GVC			0.5027 *** (0.00)			0.5943 *** (0.00)
Size	-0.0520 ** (0.03)	-0.0522 ** (0.00)	-0.0254 ** (0.04)	0.2874 *** (0.03)	0.2871 *** (0.03)	0.0442 *** (0.03)
Fil	-0.0334 *** (0.01)	-0.0324 *** (0.01)	-0.0241 ** (0.02)	0.0138 (0.17)	0.0156 (0.12)	0.0066 (0.14)
Eqd	0.0623 *** (0.00)	0.0621 *** (0.00)	0.0351 *** (0.00)	-0.0247 *** (0.01)	-0.0250 *** (0.01)	-0.0151 ** (0.04)
Nar	0.0439 *** (0.00)	0.0446 *** (0.00)	0.0026 (0.24)	-0.0195 ** (0.03)	-0.0184 ** (0.04)	-0.0054 (0.25)
Roa	-0.0305 * (0.07)	-0.0274 ** (0.05)	-0.0088 (0.28)	-0.0261 * (0.06)	-0.0204 (0.15)	-0.0351 *** (0.00)
Toq	0.0712 *** (0.00)	0.0710 *** (0.00)	0.0386 *** (0.00)	-0.0698 *** (0.00)	-0.0701 *** (0.00)	-0.0202 *** (0.00)
常数项	0.0388 *** (0.01)	0.0318 *** (0.00)	0.0184 (0.14)	0.0896 *** (0.00)	0.0827 *** (0.00)	0.0607 *** (0.00)
R^2	0.55	0.58	0.69	0.67	0.69	0.89

注：***、**、*分别表示在1%、5%、10%的显著性水平上显著；括号内为P值；R^2为固定效应的全局 R^2；固定效应模型同时控制了企业固定效应和时间固定效应。

将当年的全球价值链升级作为额外自变量加入模型中，从海外业务盈利情况和全球贸易的视角来看，模块化网络创新对全球价值链的影响均显著为正（$\theta_1 = 0.0421$，P<0.01；$\theta_1' = 0.0148$，P<0.10），知识转移也具有显著的

正向影响（$\theta_2 = 0.0252$，$P < 0.08$；$\theta_2' = 0.0243$，$P < 0.03$），同时当年的全球价值链升级所产生的影响对第二年也有显著的正向影响（$\theta = 0.5027$，$P < 0.01$；$\theta' = 0.5943$，$P < 0.01$），从而验证了原假设的成立。全球价值链升级对第二年的影响系数较大，说明价值链的迭代更新对自身的影响作用具有明显的传导效应，中国的先进制造业企业可合理运用这种"强者恒强"的正向影响，充分发挥"马太效应"，形成持续创新的格局，促进价值链升级与企业发展之间形成良性正反馈，利用先进制造业的带头作用推动中国中低端制造业的转型升级，实现经济的高质量发展。

（2）对研究数据进行缩尾处理，降低极端值对实证结果的不利影响。在对初始数据的预处理中，仅进行了产业及公司的筛选，并未处理数据的极值。考虑到数据的极端值在一定程度上会使研究结论出现异常，并且影响结果的平稳性和准确性，因此利用 Stata 统计软件进行了 1% 和 99% 分位数的缩尾处理。稳健性分析的结果如表 3 – 11 所示。

表 3 – 11　　　　　　　　进行缩尾处理的稳健性分析

变量	海外业务盈利视角			全球贸易视角		
	(7)	(8)	(10)	(7)	(8)	(10)
Moi	0.0489 *** (0.00)	0.0431 *** (0.00)	0.0390 *** (0.00)	0.0360 *** (0.00)	0.0256 ** (0.03)	0.0204 * (0.08)
Knt		0.0348 ** (0.05)	0.0313 * (0.05)		0.0570 *** (0.00)	0.1127 *** (0.00)
Size	– 0.0520 ** (0.03)	– 0.0522 ** (0.03)	– 0.0530 ** (0.03)	0.2874 *** (0.03)	0.2871 *** (0.03)	0.3132 *** (0.03)
Fil	– 0.0334 *** (0.01)	– 0.0324 *** (0.01)	– 0.0192 ** (0.01)	0.0138 (0.17)	0.0156 (0.12)	0.0021 (0.38)
Eqd	0.0623 *** (0.00)	0.0621 *** (0.00)	0.0277 *** (0.00)	– 0.0247 ** (0.01)	– 0.0250 ** (0.01)	– 0.0156 ** (0.03)

续表

变量	海外业务盈利视角			全球贸易视角		
	(7)	(8)	(10)	(7)	(8)	(10)
Nar	0.0439 *** (0.00)	0.0446 *** (0.00)	0.0326 *** (0.00)	-0.0195 ** (0.03)	-0.0184 ** (0.04)	-0.0181 ** (0.02)
Roa	-0.0305 * (0.07)	-0.0274 ** (0.05)	-0.0069 (0.23)	-0.0261 * (0.06)	-0.0204 (0.15)	-0.0378 ** (0.01)
Toq	0.0712 *** (0.00)	0.0710 *** (0.00)	0.0537 *** (0.00)	-0.0698 *** (0.00)	-0.0701 *** (0.00)	-0.0903 *** (0.00)
常数项	0.0388 *** (0.01)	0.0318 *** (0.00)	0.0274 ** (0.02)	0.0896 *** (0.00)	0.0827 *** (0.00)	0.0944 *** (0.00)
R^2	0.55	0.58	0.56	0.67	0.69	0.62

注：*** 、** 、* 分别表示在1%、5%、10%的显著性水平上显著；括号内为P值；R^2 为固定效应的全局 R^2；固定效应模型同时控制了企业固定效应和时间固定效应。

对原始数据在1%和99%分位数上进行缩尾处理后，发现主要解释变量模块化网络创新程度对先进制造业的全球价值链升级程度无论从海外业务盈利视角还是全球贸易视角来看都有正向影响（$\theta_1 = 0.0390$，$P < 0.01$；$\theta'_1 = 0.0204$，$P < 0.08$），知识转移的中介效应也显著为正（$\theta_2 = 0.0313$，$P < 0.05$；$\theta'_2 = 0.1127$，$P < 0.01$）。将极端值进行处理后得到的结果依旧显著，说明原模型得到的结论可以采纳。先进制造业在进行模块化网络创新后，所产生的技术进步和产品迭代通过模块化生产网络对其他生产链上中下游的相关企业产生影响，实现知识转移，不同模块化节点的企业共享创新成果，促进中国先进制造业的全球价值链升级，助力相关企业在国际竞争中占据优势位置。

3.2.3 异质性分析

为探讨先进制造业中不同产业的异质性影响，本书以产业为异质性分类标准，对所选择的六个产业进行异质性分析，其结果如表3-12和表3-13所示。

表3-12　　分产业进行的异质性分析（海外业务盈利视角）

变量	行业					
	电子	电力设备	机械设备	国防军工	计算机设备	通信设备
Moi	0.0301 ** (0.05)	0.0894 * (0.06)	0.0351 ** (0.03)	0.0645 ** (0.04)	0.0289 *** (0.00)	0.0297 *** (0.00)
Knt	0.0752 *** (0.01)	0.0900 *** (0.00)	0.0153 * (0.06)	0.0599 ** (0.02)	0.1178 ** (0.02)	0.0340 ** (0.00)
$Size$	-0.0211 (0.24)	-0.0207 (0.10)	-0.0323 ** (0.30)	-0.0939 *** (0.01)	0.0435 *** (0.00)	-0.1228 * (0.07)
Fil	-0.0784 *** (0.05)	-0.0702 *** (0.00)	-0.0323 (0.33)	0.1126 *** (0.00)	0.0957 * (0.07)	-0.1554 ** (0.02)
Eqd	0.0062 (0.24)	-0.0240 ** (0.04)	0.0854 *** (0.00)	0.0537 * (0.08)	0.1497 *** (0.00)	0.0336 (0.25)
Nar	-0.0079 (0.28)	-0.0050 (0.23)	0.0405 (0.16)	-0.0656 (0.22)	0.0432 (0.00)	-0.0674 (0.24)
Roa	-0.0041 (0.39)	-0.0692 *** (0.01)	-0.0357 (0.35)	0.0548 (0.29)	-0.0203 *** (0.00)	-0.0818 (0.12)
Toq	-0.0452 * (0.10)	-0.0023 (0.19)	0.1181 *** (0.00)	0.1748 *** (0.00)	-0.1881 *** (0.00)	0.0735 ** (0.04)
常数项	0.0366 (0.38)	0.0834 *** (0.00)	0.0270 (0.38)	0.0494 (0.22)	0.0475 *** (0.28)	0.0211 (0.36)
R^2	0.42	0.54	0.56	0.64	0.41	0.48

注：***、**、*分别表示在1%、5%、10%的显著性水平上显著；括号内为P值；R^2为固定效应的全局R^2；固定效应模型同时控制了企业固定效应和时间固定效应。

表 3-13　　　　　　　分产业进行的异质性分析（全球贸易视角）

变量	行业					
	电子	电力设备	机械设备	国防军工	计算机设备	通信设备
Moi	0.0481 * (0.07)	0.0885 * (0.09)	0.0752 *** (0.00)	0.0197 * (0.06)	0.0131 * (0.05)	0.0602 ** (0.03)
Knt	0.0619 *** (0.00)	0.0877 *** (0.00)	0.0733 *** (0.00)	0.0660 ** (0.04)	0.1953 ** (0.03)	0.0487 * (0.06)
$Size$	0.1042 *** (0.00)	0.5447 *** (0.03)	0.1756 *** (0.00)	0.4175 *** (0.00)	0.7318 *** (0.00)	0.3223 *** (0.00)
Fil	0.0794 *** (0.00)	0.0287 (0.30)	0.0215 (0.28)	0.0109 * (0.07)	0.0953 (0.16)	-0.0316 (0.42)
Eqd	-0.0168 (0.17)	-0.0381 ** (0.01)	-0.0259 * (0.07)	-0.0523 ** (0.04)	0.0307 (0.28)	-0.0561 * (0.09)
Nar	0.3553 *** (0.00)	-0.0090 (0.39)	-0.0348 *** (0.00)	-0.0581 (0.25)	-0.2020 *** (0.00)	-0.0121 (0.17)
Roa	-0.0262 (0.19)	0.0850 (0.01)	0.0186 (0.40)	0.0067 (0.43)	-0.0908 (0.20)	-0.0121 (0.35)
Toq	-0.0361 (0.21)	-0.1039 *** (0.00)	-0.0343 *** (0.00)	-0.1439 *** (0.00)	-0.1946 *** (0.00)	-0.0590 *** (0.01)
常数项	-0.0254 *** (0.00)	-0.0188 (0.36)	0.0168 (0.35)	0.1353 *** (0.00)	0.1425 ** (0.01)	0.1230 *** (0.00)
R^2	0.55	0.38	0.42	0.75	0.58	0.78

注：***、**、*分别表示在1%、5%、10%的显著性水平上显著；括号内为P值；R^2为固定效应的全局 R^2；固定效应模型同时控制了企业固定效应和时间固定效应。

由结果中可知，先进制造业模块化网络创新对全球价值链升级的效果因产业而有所差异，无论从海外业务盈利还是全球贸易的视角来看，电力设备产业的模块化网络创新对其全球价值链升级的影响均最大，计算机设备产业相对均较小。产业间模块化网络创新对其全球价值链升级的影响差异，体现出产业的不同特性。由于新能源相关产业的蓬勃发展，电力设备行业得到了相应的促进，以新能源汽车为首的新能源产业带动电力设备的上中下游实现协同发展，电力生产、运输与储存及电力终端使用等环节通过产业链相互联系，利用模块化生产网络的特性共享技术进步带来的优势，共同推动电力产业在国际竞争中获得更大的优势，助力中国在"碳中和"背景下逐步实现新能源的弯道超车，提升了其全球价值链的高端嵌入程度。相反，计算机产业因技术研发的相对独立性且更多成果以软件形式展现，作为硬件代表的计算机设备产业与其他联系更紧密的先进制造业相比，无法更高效地进行模块化网络创新，在一定程度上影响了其全球价值链的快速升级。

整体而言，以产业为异质性分类标准可发现，知识转移在模块化网络创新对全球价值链升级的影响路径中依旧起到部分的中介效应，虽然效果因不同产业而有所差异，但新知识在模块化生产网络之间的流动确实会在一定程度上影响企业所在产业的全球价值链升级，这为不同产业结合自身特点努力实现高质量发展提供了正向的启示作用。在制造业高度模块化的今天，以先进制造业为代表的高端产业应利用模块化创新网络的特点，加强企业间的联系，促进新技术、新知识通过产业链高效流动，推动新质生产力的发展，助力中国向先进制造业强国转变。

3.3　研究结论与政策建议

3.3.1　研究结论

本书基于企业的微观视角，以电子、电力设备、机械装备、国防军工、计算机设备、通信设备等六个产业的中国 543 家上市企业为样本，研究了先进制造业模块化网络创新与全球价值链升级之间的关系，同时将知识转移作为中介变量引入模型中，得到如下结论：

（1）模块化网络创新对全球价值链升级具有正向影响。从实证分析的结果中可发现，先进制造业模块化网络创新对相关企业所在产业的全球价值链升级具有显著的正向影响，说明创新效果可以在生产具有高度模块化特征的产业进行传导，从而促使创新行为在模块化生产网络层面产生。企业对于生产技术、管理模式、营销手段等经营要素的创新可带动位于模块化生产其他节点的企业完成创新行为，促进产业链上中下游协同创新，推动产业链迭代更新，以此推动全球价值链的升级。企业在融入国际竞争时，需充分发挥中国产业类目齐全的优势，利用模块化生产网络实现创新的反哺作用，助力企业在模块化网络创新的环境下进行新产品的开发，以先进制造业为基点，加快中国制造业转型升级，更好地实现经济的高质量发展。

（2）知识转移在模块化网络创新与全球价值链升级之间起到部分正向中介效应。模块化生产网络为企业间的知识交流提供了环境，新知识可通过产业链在位于上中下游不同节点的企业间传导，推动创新行为的发生。根据实证研究结果，知识转移在模块化网络创新对全球价值链升级的影响中呈现显著的正向中介作用，从海外业务盈利和全球贸易的视角来看先进制造业的全球价值链升级，知识转移的中介效应效果量分别约为10%和22%，体现了企业在参与国际竞争时，知识转移对海外业务盈利与全球贸易的影响作用有所差别。企业间知识转移的直接结果是提高生产效率，为企业经营提质增效，本书利用企业海外业务利润率、全球营业收入等相关指标，在一定程度上贴切地反映出企业知识转移的效果，并对模块化网络创新与全球价值链升级之间的影响路径做出了新的解释，即知识转移在其间起部分中介作用。

（3）企业的经营指标对所在产业的全球价值链升级具有不同程度的影响。本书在对全球价值链升级进行研究时，除了主要解释变量模块化网络创新外，同时关注了企业不同维度的经营指标，在实证分析中将其作为控制变量加入模型，发现企业不同的经营指标可与企业的创新行为一起，对企业所在产业的全球价值链升级产生影响。并且企业在生产经营的过程中，应当挖掘自身在产业链上的独特价值，锚定自身的战略目标，在海外市场扩张与全球业务拓展等不同方面采取不同的经营手段，充分发挥模块化生产网络中节点的特异性，瞄准技术差异化进行创新，避免盲目举债扩张而稀释了自身的独特性。全球价值链的升级要求企业在注重创新的同时也关注自身的经营效果，利用模块化生产网络打造具有特异性的新产品，提高整个产业链在全球生产中的地位，扩大中国制造业的国际影响力和市场话语权。

（4）全球价值链升级的影响对自身具有时间传导效应。在进行稳健性分析时，本书将全球价值链升级自身的影响加入模型之中，考虑当年的升级效果如何影响全球价值链下一年的升级情况，实证结果发现全球价值链升级对自身具有显著的正向影响。这一结果表明先进制造业全球价值链升级的影响具有时间传导效应，在生产高度模块化的产业中，价值链地位提升的影响会通过模块化生产网络进行辐射，促进生产的技术变革，提升生产效率。由于模块化生产网络的复杂性，这种影响往往会在网络中留存多个生产周期，对价值链在下一周期的升级同步产生影响作用。

（5）全球价值链升级的影响路径呈现多元化的特点。本书从微观企业出发，主要着眼于先进制造业模块化网络创新对全球价值链升级的影响，以知识转移作为中介变量，发现了知识转移在其中的部分中介效应，验证了知识转移作为解释模块化网络创新影响全球价值链升级的路径。由于知识转移的中介效应效果量呈现部分中介效应，且企业的部分经营指标从正反两个方面均对价值链升级产生影响，说明企业的经营路径也是影响全球价值链升级的路径之一，这为后续研究拓展了空间。

3.3.2 政策建议

习近平总书记强调，创新是发展的动力，要把创新摆在国家发展全局的核心位置上，全面推动理念创新、制度创新、科技创新和文化创新等多方面的创新。由此可见，实现中国先进制造业的全球价值链升级以及提高相关企业的国际竞争力须以创新为重，并且需要充分发挥产业模块化创新网络的特点，利用模块化网络创新带动制造业实现转型升级。针对本书的实证研究结果，为助力中国先进制造业的全球价值链顺利实现升级，促进经济高质量发展，特提出如下政策建议：

（1）强化高技术产业的集聚程度，发挥模块化生产的优势。先进制造业作为技术密度较高的行业，其生产模块化的程度相对较高。在推动先进制造业实现高质量发展的过程中，可充分利用产业集聚带来的规模效应，建立相关高新技术产业园，吸引技术附加值较高的制造业入驻，提升高技术企业聚集度，最大限度地发挥产业链的规模效应。同时，先进制造业相关企业在空间上完成聚集后，更便利的地理位置会促进企业间交流，助力模块化生产网络在物理空间上联系更为紧密，这对企业间形成共同抵抗市场风险的产业联盟也有正向的推动作用，创新绩效、技术突破等有关企业经营的全方位要素均可通过模块化生产网络实现互联互通，促进先进制造业孵化出更具有国际竞争力的龙头企业，加速制造业的转型升级。

（2）落实支持政策，鼓励先进制造业企业进行知识共享、协同创新。知识转移在推动价值链升级方面具有重要作用，先进制造业作为技术密集型行业，应受到相当程度的政策倾斜，鼓励其企业分享新知识、交流新技术，利用模块化生产网络实现模块化网络创新，完成产业链层面的协同创新。知识传递对企业自身的发展具有促进作用，企业间应秉持合作共享、包容互助的理念，对有利于产业发展的新生产技术、新营销模式进行分享，打造和谐共赢的生产链。对于企业主动共享新知识的行为政府应加大奖励力度，鼓励先进制造业产业的龙头企业对小微企业进行点对点帮扶，共同推动新知识在制造业中的创造效率，打造协同创新的企业发展新模式。

（3）注重知识产权保护，保障创新成果市场化渠道。以知识产权法为依托，对企业的专利申请、创新发明等创新活动进行保护，避免打击企业的创新积极性。同时，鼓励企业联合高等院校和科研院所共建需求对接、优势互补、利益共享的创新成果转化平台，保障企业创新成果的市场化进程。产学研的深度融合可贯通创新链与产业链，促进搭建信息渠道更畅通、服务功能更齐全、交易活动更有序的知识交易平台，完善知识要素市场化的各项机制，规范知识交易市场，为创新成果产业化营造良好生态，推动企业间知识转移更具备合法性、便利性和有序性。

（4）巩固跨区域合作成果，支持企业走出国门，积极参与国际市场竞争。巩固和强化"一带一路"、《区域全面经济伙伴关系》（RCEP）、中国－东盟自由贸易区（CAFTA）、中欧自由贸易协定（CEFTA）等跨区域合作成果，为先进制造业相关企业畅通融入全球模块化创新网络创造便利条件。与发达国家相比，中国制造业尤其是高端制造业起步较晚，技术资本储备相较而言不够丰富，政府应鼓励先进制造业企业积极参与国际竞争，吸取发达国家的制造业发展经验，反哺国内相关企业的发展。在区域全球化进程势不可当的时代下，应持续扩大开放，促进先进制造业的全球价值链在国际竞争中实现地位攀升，推动先进制造业企业完成进一步升级，突破"卡脖子"的技术封锁。

（5）推动创新链资金链人才链深度融合，助力产业链现代化转型。推动科教兴国战略、人才强国战略、创新驱动发展战略有效联动，坚持教育发展、科技创新、人才培养一体推进，形成良性循环，推动创新链产业链人才链一体部署与深度融合。同时，坚持原始创新、协同创新，利用模块化生产网络实现产业链层面的模块化网络创新，充分发挥创新的辐射功能，并健全具有高度适应性、竞争力、普惠性的现代金融体系，增强金融服务实体经济能力，促进"创新－产业－金融"的良性循环，对紧贴技术前沿、异质性创新优势突出、市场潜力大的专精特新企业进行精准补贴、财政奖励和减税减费，以此强化供应链韧性，实现产业链的现代化转型。

| 第 4 章 |
产业创新网络合作的创新绩效（一）

本章针对先进制造业，以技术创新理论、创新合作理论、创新价值链理论及创新网络理论为基础，从网络创新吸收和网络创新转移两个维度构建了产业创新网络合作对创新绩效影响的理论框架，提出了相应的研究假设，并就先进制造业创新网络的合作特质与创新绩效现状进行了梳理和归纳。

4.1 引　　言

随着全球经济的发展和变化，中国所拥有的资源和人口优势逐渐减弱，数字技术的快速迭代推动制造业不断变化革新，这也给中国先进制造业带来了许多新的挑战和阻碍。面对更加激烈的市场竞争，先进制造业企业需要不断进行创新，改进生产工艺与流程，提升产品技术含量，才能够保持竞争力并实现高质量发展。当下，先进制造业创新面临着技术领域不断深化细化、创新资源基础需求增加、创新风险和不确定性增加等挑战。为了应对这些挑战，产业创新网络的发展显得尤为重要。通过创新网络主体间的合作，先进制造业企业可以实现创新资源共享和技术优势互补，帮助企业分担创新风险，同时集聚创新成效并降低技术研发成本，提高创新效率与创新质量，促进先进制造业创新绩效的提升。因此，有关先进制造业的创新网络合作以及创新绩效相关领域已成为政府、企业和学术界共同关注的重点。

产业创新网络既有创新合作又有创新竞争，如何提高先进制造业的创新网络合作水平、促进创新绩效提升是制造业高质量发展亟待解决的新命题。但目前关于创新网络合作对创新绩效评价的研究较少，特别针对先进制造业的现有文献鲜见。故本书基于相关理论和国内外文献成果，选用中国先进制造业企业的微观数据，旨在分析探索先进制造业创新网络合作与创新绩效之间的关联，揭示先进制造业创新网络合作对创新绩效的影响机理与途径，进一步阐明创新网络合作在先进制造业企业创新绩效影响机制中发挥的作用，以期为促进中国先进制造业创新绩效的提升提供新视角的解决方案和对策建议。

4.2 产业创新网络合作对创新绩效影响的理论框架

4.2.1 相关理论基础

4.2.1.1 技术创新理论

以熊彼特（Schumpeter，1912）为主要代表的一些学者提出了技术创新的概念，认为在经济格局中引入新元素可以带来巨大的经济收益。熊彼特在其1912年的著作《经济发展理论》中首次阐明了"创新"一词，认为创新涉及通过将生产要素与环境相结合以有效配置资源来重新配置现有的生产系统，这可能包括引进新技术、创造新产品、获得新技能和进入新市场，所有这些都可以提高公司的竞争力并带来高回报。熊彼特的创新理论由此突出了"创新"因素在企业管理和经济发展中的重要性。

在熊彼特的研究基础上，创新理论研究得到深入探讨，研究的范围和内容发生了巨大的转变，从而导致了各种创新学派的出现，丰富了创新理论的发展，主要有制度创新学派、新古典学派、新熊彼特学派以及国家创新学派。例如，新古典学派的代表人物索洛（Solow，1951）针对技术创新成立的条件，首次提出了新思想根源和实现发展的两步发展法，这两个条件的提出被认为是技术创新研究上的重要节点。经济学家厄特巴克（Utterback）等进一步从技术角度对技术创新模式进行了探讨，从而诞生了新熊彼特学派，即技术创新经济学派。新熊彼特学派秉承熊彼特技术创新是社会经济进步主要动力的基本观点，进一步提出企业可以通过动态能力提升创新主体地位（Utterback，1971）。同时，部分学者将熊彼特的创新理论与制度研究联系起来，探究制度演变对创新的影响机制，发展成为制度创新经济学派。现代技术创新理论侧重探索如何更好地理解技术创新的过程及其对经济发展的影响，一方面，着重于揭示创新机会的来源、选择创新手段和转化最终的创新成果，另一方面，考察市场竞争强度、企业规模和垄断强度与技术创新的关系（Freeman，1994）。该理论通过对技术创新"黑箱"的分析，使企业和学者能够更好地理解其内在运行机制，明确技术创新在经济发展中的核心作用（Perez，1983）。技术创新理论的研究从宏观经济层面、中观产业层面以及微观企业角度细致地剖析了技术创新内生动力和外部环境问题，为完善创新网络合作、提升创新绩效提供了启示。

4.2.1.2 创新合作理论

卡茨（Katz，1997）认为创新合作是学者或科研主体间为合作创造出新知识或新技术而进行的一种有组织性的创新活动。还有学者提出，作为一种跨组织的创新，主体间的创新合作是通过交换和共享知识和资源来应对特定的技术挑战（孟潇和张庆普，2013）。创新合作的本质是合作主体之间资源的交换、共享和互补创造。

随着经济增长和科学技术的进步，创新的深度、复杂性不断提升，创新逐渐从个体行为转化为跨组织的合作。创新主体若想在市场中获得持久的竞争优势，仅仅依靠自身的资源和技术是难以为继的。通过与具有技术互补性的其他主体形成相对稳定的创新合作关系，可以充分整合创新技术资源，实现各节点的创新目标，从而克服技术、人力、政策等资源约束，这一流程又有助于促进整体合作创新的关系良性演进。因此，通过跨学科合作和跨组织交流来提高创新能力至关重要。此外，创新主体的属性也会对创新合作产生影响，例如机构规模、创新能力、社会属性、地缘因素等（Frenken et al.，2009）。在数字化的当下，组织间合作的成本大大降低，促进了组织间的知识交流与资源交换。

4.2.1.3 创新价值链理论

波特（Porter）于1985年首次提出价值链的概念，认为价值链是由原材料采购、产品生产、产品销售以及其他相关环节组成的相互依存的活动系统。其中价值链的每个环节都为企业创造了不同的价值，并且各环节相互依存，不能独立存在。价值链分析能帮助企业确定成本节约机会和改进运营，通过有效地划分和管理其活动，价值链可以在整个企业的运营中创造价值并增强竞争力。无论是企业间还是企业内部的资源交互和战略合作，价值链的整合过程都是提升企业乃至整个产业核心竞争力的关键。价值链理论的提出，既帮助企业分析优化自身的运作流程，最大限度地发挥其潜力，也为创新链理论的发展起到了奠定作用。

在价值链的研究基础上，汉森（Hansen，2007）率先提出了创新价值链的概念，并对价值链和技术创新的共性进行研究分析。创新价值链是一种以创新为驱动力，建立在产业链基础上的价值链模式，主要包括创新资源、创新活动、创新产品和服务、创新市场等环节。由于技术创新是连续的、多阶段的，因此完整的创新过程可以分为创意诞生、创意转化、创意传播这三个阶段，并且各阶段具有较强的关联性和不可分割性。创新价值链的不同环节对应主体可能不同，并且定位与作用也存在差异，具有分工协作的特性。因此，对创新价值链的研究多从两阶段、三阶段进行分类，对创新过程和主体的协调整合进行分析，以期实现创新价值链的效益最优化。

4.2.1.4 创新网络理论

随着企业间的合作竞争逐渐深化，学者们逐渐意识到企业间关系的结构复杂化与资源能力共享趋势。创新网络这一概念最早由弗里曼（Freeman，1991）提出，将创新网络视为企业间通过各类合作与竞争来应对系统性创新不确定性的一种关系，并认为创新网络应更多专注于整体的效能。在此基础上，哈里斯（Harris，2000）等通过对国防电子产业的创新网络进行研究，将企业创新网络视作不同创新主体共同参与企业创新过程而建立起的正式或非正式的合作关系，涉及企业的新产品的设计、研发、生产以及销售等全过程，并提出创新网络可以促进跨边界的新产品开发，然而也会产生资源分配方面的问题。国内学者王大洲（2001）较早对创新网络进行探索，从结构总体的角度提出企业创新网络作为创新活动而引发的网络组织形态，是企业正式与非正式创新合作关系的总和。创新网络是企业与其他创新主体基于共同的创新目标建立的网络组织形态，在合作中完成异质性资源互补，技术体系丰富完善，有效应对创新活动所带来的风险与不确定性，促进彼此创新研发能力和技术水平的提高,达到共同的创新目标,实现不同创新主体的合作共赢。产业创新网络理论对企业、组织和行业之间的创新合作关系进行分析,强调网络合作关系在创新成果产出过程中的重要性。产业创新网络理论指出,创新不仅是单一企业独立完成的过程,而且是多个创新主体共同参与的过程。企业之间存在着相互依赖和影响的关系,企业间的合作、沟通会促进创新进程,可以让企业获得异质性的创新资源,降低创新过程中的风险和不确定性,同时也可以共享创新方向,提高产业的整体竞争力,促进产业创新水平的提升。

4.2.2 产业创新网络合作的内涵

4.2.2.1 狭义的产业创新网络合作

狭义的产业创新网络合作从科研领域的合作网络发展而来。早期的创新网络合作研究主要集中于科学家合作的领域,通过论文、专利等合作关系构建网络,并以科学家为节点构建网络,在此基础上根据合作者数量、合作频次的不同赋予相应权重,因此,早期的创新合作网络是对科研工作者合作行为和合作效果的分析。而创新合作是科学和社会发展的动力,随着社会的进步和产业现代化的推移,创新合作的主体逐步多样化,创新网络合作的研究也从科研工作者个人之间的合作,逐渐推广到企业-企业、企业-研究所、企业-高校、企业-研究所-高校、高校-研究所等各类合作(惠青和邹艳,2010),而且涉及的协作方式也更为多元化,例如申请合作专利、申请合作项目以及论文合作等。

狭义的产业创新网络合作即是产业中的企业与企业间、企业与其他研究主体间的知识合作网络,在该网络节点间进行知识资源的交流、共享和转移。对狭义上的产业创新网络的研究主要从社会网络分析方法出发,通过主体间的论文、专利合作关系构建网络，并通过中心度、中心势、路径长度、结构洞等网络拓扑性质展开研究，进一步对合作网络的合作成效、发展前景进行分析与比较。

4.2.2.2 广义的产业创新网络合作

广义的产业创新网络合作来源于产业创新理论与创新范式理论，并在产业链、价值链结合越发紧密的新背景下发展起来。产业创新理论源自对早期产业革命的研究，英国学者弗里曼（Freeman，1982）提出了产业创新的五个方面，即技术技能创新、产品创新、管理创新、流程创新以及营销创新，将产业的创新属性推广到产业生产的全流程、全方面，而不再局限于单一的知识资源合作。创新范式理论提出了产业创新模式的演化特点，并根据不同的特点将产业创新的演进分为三个阶段，分别是：第一，闭式创新阶段，在该阶段企业创新源头集中在企业内部，创新合作较少；第二，开放式创新阶段，在该阶段企业创新源头广泛分布在企业外部，来自专利、项目的创新合作增多；第三，共生式创新阶段，在该阶段创新合作普遍分布于企业生产的各环节，企业间的创新促进更加充分，企业创新行为更加注重上下游资源的整合与共生发展（郭斌和蔡宁，1998）。

广义的产业创新网络合作将企业的创新行为和创新属性进行了延拓，包括行为主体、资源和活动等组成要素，其中活动主要指的是行为主体间资源流动交互的过程，因而产业创新网络合作实质上就是通过资源流动而建立起的合作关系。随着产业转型与产业升级的进程发展，广义的产业创新网络合作逐渐受到越来越多学者的关注，本书立足于广义的产业创新网络合作对产业创新绩效的影响进行探讨。

4.2.2.3 产业创新网络合作水平的界定

狭义的产业创新网络合作的构建一般依赖于社会网络分析方法，依靠调查问卷等方式对企业在专利、创新项目等方面的合作关系进行收集，并构建网络拓扑结构，利用平均路径长度、网络密度、中心势等指标对网络进行观察，用以描述网络的各项属性（王鹏和张淑贤，2016）。但狭义的产业创新网络合作往往仅能描述专利、项目等知识资源这一单一领域的创新合作行为，在企业创新行为和创新属性延拓至各环节各领域的当下，并不能很好地反映全流程的企业间合作创新水平。随着产业链与价值链、创新链的结合越发紧密，企业间的创新网络合作行为已逐渐深入到全流程，因此本书将从广义视角对企业的创新网络合作水平进行分析。

产业创新网络合作水平由多种因素共同驱动，可以从网络创新吸收与网络创新转移两个维度进行考察。网络创新吸收是指企业作为创新主体，所产生的创新影响可以辐射到自身的母级网络与子级网络，即企业的客户网络与供货商网络，不同层次的网络间的创新效益可以进行传导，从而实现创新成果的吸收（曹虹剑等，2015）。一方面，作为子级企业的创新行为与成果可以帮助自身建立竞争优势，并将创新成果向母级网络传导，母级网络中的企业可以直接吸收得到该创新所带来的效益，企业自身的创新成本也随之降低，从而提升其创新收益；另一方面，母级企业的创新行为会更新其供应需求，并反馈到子级网络中，子级网络中的企业为了抢占市场与建立竞争优势，也会增加研发投入，强化母级网络与子级网络间的创新合作。由于科学技术的发展细化与产业专业化的程度增强，企业以自身资源完成的创新有限，因此产业内部需要企业进行网络创新吸收。网络创新吸收可以通过专业化和更高的效率来促进创新的产出，并且专业化带来的规模经济使得企业在给定的资源水平下效率提升，促使企业再投资于研发，从而反作用于创新网络合作的增强，带来更高水平的创新和结合更紧密的创新网络合作。

网络创新转移是指企业在某一技术领域或某一创新过程中，与同领域的其他创新主体发生的创新资源转移。企业在开展创新行为时，往往会遇到资源不足或成本过高等问题，依靠企业自身难以克服，此时企业可以与创新网络合作中的同技术领域或方向的创新主体进行合作，例如，研究所、高校以及其他企业等，结合其他主体的资源和研发帮助，通过外部研发、技术外购等方式，帮助企业攻克难题实现技术创新（解雪梅，2010）。企业的网络创新转移普遍作用于企业与研究所、企业与高校、企业与其他企业之间，通过创新资源的转让、共享与互换，各创新主体均能在合作网络中受益，降低与创新相关的成本并创造新的合作机会，从而实现创新的规模效应，进一步反作用于创新网络合作水平的提升。

4.2.3 创新绩效的评价

创新绩效通常是指产业中的企业采用新技术、新工艺、新服务等创新过程以及成果，反映企业价值增加和企业创新水平的测度。但创新绩效的评价指标选取是一个较为复杂的问题，目前国内外学界尚未对创新绩效的概念和测度达成一致意见，仍未形成统一的创新绩效评价体系。在既往研究中，创新绩效的衡量往往采用单一指标体系或者多指标体系。考虑到数据的易得性、精准性和可重复性，以往的研究和文献通常采用专利产出、新产品销售收入以及市场回报等指标。然而创新绩效的过程较为复杂，从创新源产生创新想法到企业开展研发实施再到进行商业化投入市场，创新行为转化需要较长时间，并且受到诸多因素影响，采用多指标体系对企业创新的全过程进行关注更为合理。因此，本书将从技术创新绩效和市场创新绩效两个方面对产业创新绩效进行研究。

4.2.3.1 技术创新绩效

技术创新绩效反映在企业的技术提升水平上，先进制造业作为知识密集型的高技术产业，采用专利申请数量可以较为直接客观地反映企业的创新成果与技术提升水平,并且该数据具有一定连续性。同时相比于专利授权数量,用专利申请数量来衡量企业的技术创新水平具有如下两项优势:第一,使用专利申请数量可以在一定程度上避免由于审核周期造成的影响,专利申请认定到审核授权的周期较长,且过程较为复杂,使用专利授权数量难以及时衡量创新成果的产出;第二,授权专利存在授权期限,未进行按期缴费的专利存在被取消的情况,由于该项数据难以获取,使用专利授权数量会造成统计误差,对数据分析结果产生影响。

在中国受法律保护的专利一般分为三类,分别为发明专利、实用新型专利和外观设计专利。由于不同类型专利所反映的技术创新水平具有差异,学术界一般认为三类专利中发明专利所反映的技术含量最高、原创性最强,是企业创新生产的重要产出形式。赵彦云(2011)提出发明专利的产出与企业技术进步的联系最为紧密,发明专利对技术进步的贡献是实用新型和外观设计专利的 2~10 倍。因此,本书采用发明专利申请数来衡量企业的技术创新绩效。

4.2.3.2 市场创新绩效

市场创新绩效对企业在市场中做出的创新,以及创新行为、创新产品所带来的收益和获得的市场回馈进行反映。市场创新绩效可以用新产品销售收入、市场份额等指标衡量。然而以新产品销售收入情况作为测度方式主要存在以下弊端:一是企业对自身的新产品界定受主观认知因素的影响较大,没有形成公开且明确的界定标准,部分新产品的技术或性能上并未有太大创新,而是体现在外观和名称上;二是以新产品销售收入情况衡量市场创新绩效往往会忽视创新过程,新产品研发数量和产生销售收入难以反映整个企业的市场创新绩效;三是上市企业往往对自身的新产品投入产出方面的数据不公开或者披露不完全,存在数据难以准确、完整收集等问题;四是先进制造业产业具有技术含量高、销售周期长等属性,新产品的推广与销售需要一定时间,甚至需要几年的时间才能逐步进入市场，依靠新产品的销售收入来衡量市场创新绩效存在不确定的反馈时差，不能全面反映出企业的市场创新贡献。考虑到目前中国对新产品尚未有统一的定义以及严格的划分标准，同时各企业对新产品的统计口径也尚不明确，部分新产品创新水平较低，不能很好地反映企业创新水平的提高，因此本书选用市场份额来衡量企业的市场创新绩效，市场份额的增加意味着企业的创新活动带来了市场认可度的提高，新产品的商业化得以实现，把企业的品牌价值提升到了新的水平，改善了企业的经营状况和市场地位，有效地强化了企业的创新优势识别和研判能力。

4.2.4 产业创新网络合作对创新绩效的影响机理

4.2.4.1 网络创新吸收对创新绩效的影响机理

由于先进制造业的高技术性、强专业化等特性，其产业内部往往有着较为明晰的企业技术领域与研发创新方向。因此，在先进制造业的创新网络合作中，各企业的技术模块化程度较高，相较于一般产业，技术领域细分程度较强。通过网络创新吸收，企业可以专注于自身技术领域的创新方向进行研发，而无须付出多余的研发成本解决领域外的技术问题。具体而言，可从以下两个角度考察网络创新吸收对技术创新绩效与市场创新绩效的影响机理：

第一，从技术创新绩效角度来看，先进制造业市场中的高技术特点决定了产业的技术特异性需求。中国先进制造业市场前景广阔且规模较大，不同企业主体在市场中寻求技术特异性的满足，因此先进制造业的创新需求远高于其他产业，当企业的母级网络企业的需求更新，产品、技术、工艺、功能创新会按照网络的垂直结构向下传导，形成创新激励。在需求传导过程中，企业可通过调整自身技术研发方向来满足母级网络企业的特异化需求，优化创新资源配置向帕累托最优点逼近。当企业的子级网络企业的技术、流程发生创新迭代，产品的生产成本降低或产品的效能提升，企业的采购成本降低，可以进一步加大研发投入，加快新品推出，提高生产效能和质量。通过网络创新吸收，企业不仅可降低其原有创新成本，同时可稳定其创新链地位以保持占有技术优势，提升企业的技术创新绩效。

第二，从市场创新绩效角度来看，企业有针对性地选择网络中的优势主体进行创新合作，促使子级网络与母级网络企业间的创新合作更紧密，通过"双向择优"进一步提升创新绩效。先进制造业庞大的市场规模与技术迭代的加快使得企业需要其他创新主体分担创新成本，通过网络创新吸收可以充分利用其子级网络企业的创新产出，在互益性合作中共同承担研发成本和风险，共同推动新技术和新产品的开发，从而实现稀缺资源共享和创新协作，提高对市场上创新需求的响应速度和灵活性，推动市场创新绩效提升。对于子级网络企业来说，自身的技术优势能够稳定订单并降低其产销风险，使得企业可专注于生产工艺的提升，加快创新研发的流程与效率，反向提高企业创新力度并延长产业链与价值链，促使二者结构转型升级，进一步提升企业的市场创新绩效。

如图 4-1 所示，企业间的网络创新吸收水平提升，使得企业与子级和母级网络企业的合作更加集中。一方面，使技术创新、工艺创新在企业间形成"创新链"，刺激企业的主动研发创新，引导"创新链"沿着网络进行深化传递，促进企业的技术创新绩效增加，增强其创新投入的意愿。另一方面，网络创新吸收反向提升企业的创新资源禀赋，使得企业的创新成本下降，创新抗风险能力增强，间接提升企业的创新研发与产出，帮助企业积极响应市场创新需求，获得创新反馈从而提高市场创新绩效。

基于上述分析，本书提出以下两个假设：

H1：网络创新吸收对技术创新绩效具有显著的正向影响。

H2：网络创新吸收对市场创新绩效具有显著的正向影响。

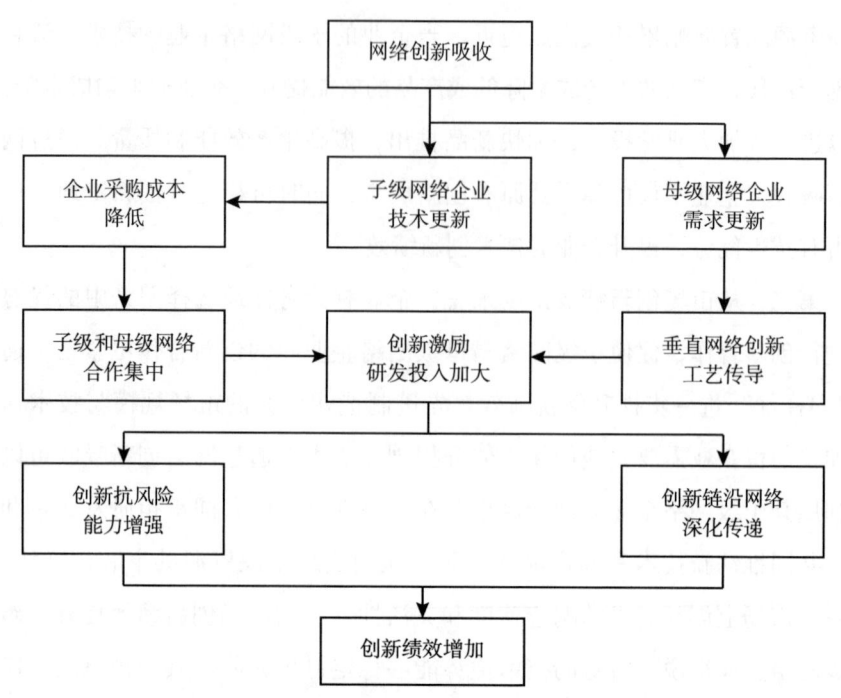

图 4-1　网络创新吸收对产业创新绩效的影响路径

4.2.4.2　网络创新转移对创新绩效的影响机理

先进制造业的创新行为往往不是局部的、个体的，而是该领域内的企业以及研究所、高校等多头并行，协同开展。企业在进行技术研发或工艺、流程优化创新等行为时，往往需要进行创新资源的积累。具体而言，可从以下两个角度考察网络创新转移对技术创新绩效与市场创新绩效的影响机理：

第一，从技术创新绩效来看，由于先进制造业的高技术性、强专业化的特点，企业创新所需的技术资源具有排他性、稀缺性等特质，企业的创新资源获取难以独立完成。通过网络创新转移，企业可以与高校、科研院所以及其他企业进行外部研发、技术外购等合作，完成创新资源互补，以较低成本获取技术专利、科研成果及关键工艺以提升自身创新链地位，从而实现网络上的知识共享与技术转移（周城雄等，2016），达到拓宽创新领域、分担创新成本、增强企业抗风险能力的目的，从而提升企业的技术创新绩效。

第二，从市场创新绩效角度来看，网络创新转移伴随着来自相同技术领域的其他创新主体的技术协同进步，促使创新需求增加和工艺迭代速度加快，驱动该技术领域的创新协同作用。各个创新主体之间具有相对独立的特点，因此它们可以自主地进行创新和实验，网络创新转移可以帮助创新主体更好地理解技术研发方向的需求和约束，优化技术创新方案并实现更高的适配性和可重用性，促进企业的市场创新绩效增加。

如图4－2所示，企业的网络创新转移可以促使创新资源集聚，丰富企业的知识资源禀赋，提高企业技术迭代与工艺优化的效率，实现技术创新绩效与市场创新绩效的增加。

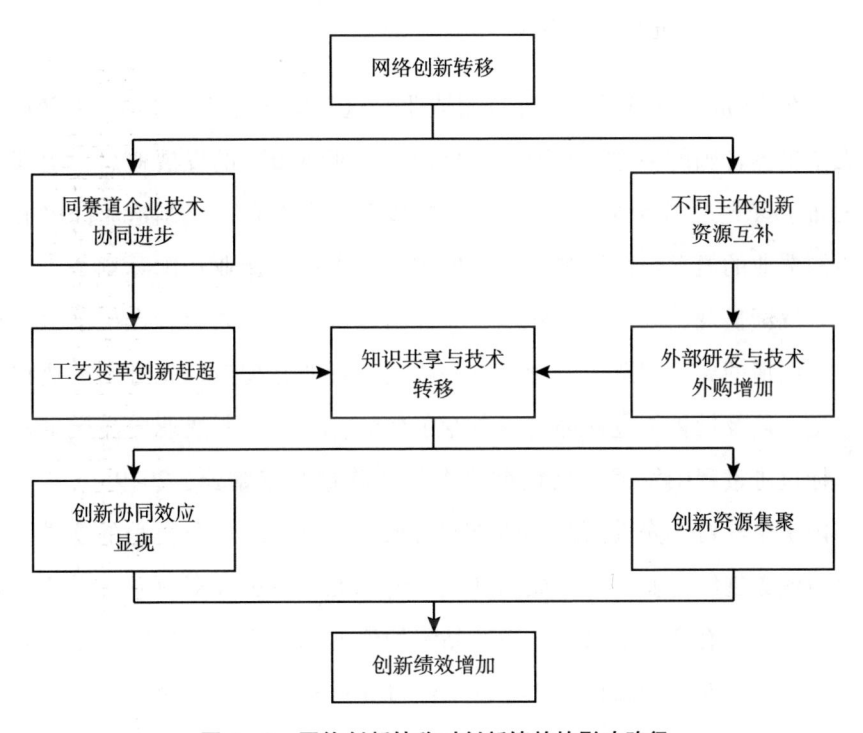

图4－2 网络创新转移对创新绩效的影响路径

基于上述分析，本书提出以下两个假设：

H3：网络创新转移对技术创新绩效具有显著的正向影响。

H4：网络创新转移对市场创新绩效具有显著的正向影响。

4.3 先进制造业创新网络合作特质与创新绩效现状

4.3.1 先进制造业构成及发展状况

4.3.1.1 先进制造业构成

早在20世纪90年代，"先进制造业"这一概念就已经被提出，随后便引发了世界各国的关注。德国率先提出"工业4.0"的发展概念，随即美国发布了《先进制造业国家战略计划》以及日本发布了《制造业白皮书》，先进制造业的概念与内涵被不断拓展完善，先进制造业在国际竞争市场的地位也逐渐显现出来。在国外学者研究的基础上，国内学者提出了适应当下中国国情的先进制造业概念。与一般制造行业相比较，先进制造业在工艺、生产以及销售等过程都更具备竞争优势，在中国制造业向高质量发展的目标迈进过程中发挥举足轻重的作用（陈虹和李赠铨，2019）。然而由于国内学术界对于先进制造业的研究对象、研究偏好以及视角的差异，致使目前就先进制造业尚未形成明确统一的标准。不过大多数学者都认可先进制造业是具有高技术属性、高产品附加值的制造产业，同时涵盖新兴技术发展背景下诞生的高技术产业以及经过先进技术改造升级后的传统型制造产业。

中国先进制造业是由现代化高新制造技术主导的制造业。先进制造业最显著的特点之一就是其对高新制造技术的应用，并且经由技术优势创造经济效益、企业影响等各方面的优势。首先，中国制造业在数字化转型过程中呈现"技术高地"的结构性变化。2022年，中国规模以上工业增加值同比增长3.6%，从世界范围看在发展速度上有较强竞争力，其中制造业增加值同比增长3%[①]，且七成以上为中高级和高级技术制造业所占，因此以技术创新能力和高新技术为核心竞争力的先进制造业引起了市场的高度关注，并成为中国着重发展的关键产业。其次，中国先进制造业的企业合作网络有着复杂化、深度化、多样化的特点，企业的网络依赖程度较高，创新资源的积累与迭代多来自对外部的收集、交互与整理，通过创新网络合作进行创新吸收和创新转移，从而获取资源进行更高层次的创新活动，进而实现产业创新水平的提高。考虑到目前中国尚未对先进制造业建立完善的统计与调查体系，而先进制造业与高技术产业基本具有相同口径，且高技术产业的统计与调查体系相较先进制造业更加完备，因此根据中国国民经济行业分类，本书将选定航空航天及设备制造业、医药制造业、计算机及办公设备制造业、电子及通信设备制造业、医疗仪器设备及仪器仪表制造业、信息化学品制造业这六类产业对先进制造业进行分析（见表4-1）。

表4-1　　　　　　　　　　先进制造业构成

分类	内容
航空、航天及设备制造业	代表产品：航空精密结构件、仪器仪表精密零部件
	核心技术：大型整体构件制造技术、钣金件制造技术
	原材料：新型复合材料、合金材料、化学动力推进材料
医药制造业	代表产品：靶向药物、生物疫苗、广谱抗生素
	核心技术：色谱分析技术、蛋白质工程技术
	原材料：活性药物成分、赋形剂、包装原材料

---

① 国家统计局网站，https://data.stats.gov.cn/easyquery.htm?cn=C01。

续表

分类	内容
计算机及办公设备制造业	代表产品：核心处理器、集成电路、高清屏幕
	核心技术：光刻蚀技术、CIMT 技术、液晶技术
	原材料：硅晶片、合金材料、高分子材料
电子及通信设备制造业	代表产品：多层陶瓷电容器、通信天线、UPS 电源
	核心技术：5G 技术、无线遥感传感、信号加密
	原材料：半导体材料、铜铝合金、磁性材料
医疗仪器设备及仪器仪表制造业	代表产品：人工心肺设备、核医学设备、耐高压仪表
	核心技术：可控放射技术、超声技术、密封技术
	原材料：纤维材料、高纯医用试剂、放射材料
信息化学品制造业	代表产品：显影试剂、光致抗蚀干膜、印刷专用化土
	核心技术：冲洗技术、信息素识别、套药配比
	原材料：电磁敏感材料、感光材料、有机试剂

4.3.1.2 先进制造业发展状况

在经济全球化与创新技术浪潮的背景下，中国先进制造业虽起步较晚，但后发优势明显。在先进制造业的引领下，中国制造业已然成为全球制造业市场激烈竞争中的中坚力量，步入了高质量发展的新阶段。依据《中国高技术产业统计年鉴》以及国家统计局的相关数据，截至 2021 年，中国先进制造业中年主营业务收入 2000 万元及以上的工业企业共有 40194 家。其中，电子及通信设备制造业共有 21412 家企业，以 53% 的规模占比排名第一；其次是医药制造业，以 8170 家企业占比 22%；剩下的四类行业总量较小，总计占比 25%，其中信息化学品制造企业仅有 181 家（见图 4-3）。

截至 2021 年末，中国先进制造业共有大型企业 1925 家，中型企业 6110 家，比 2011 年增长 18.3%；出口总额 7577 亿美元，比 2011 年末增长 40.3%[1]

---

[1] 2011~2021 年国家统计局《中国高技术产业统计年鉴》。

第4章 | 产业创新网络合作的创新绩效（一）

（见图4-4）。中国先进制造业扩张速度较快，企业规模发展趋势稳中向好，在世界先进制造产业链中的位置越发重要。

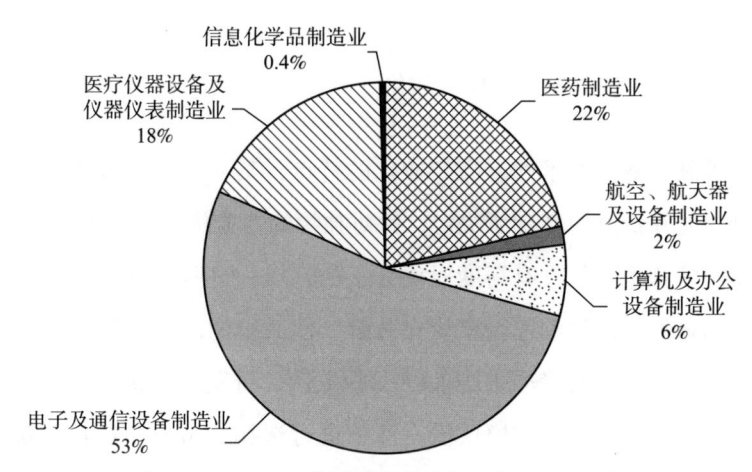

图4-3 2021年中国先进制造业分行业企业数量

- 信息化学品制造业 0.4%
- 医疗仪器设备及仪器仪表制造业 18%
- 医药制造业 22%
- 航空、航天器及设备制造业 2%
- 计算机及办公设备制造业 6%
- 电子及通信设备制造业 53%

资料来源：国家统计局《中国高技术产业统计年鉴》。

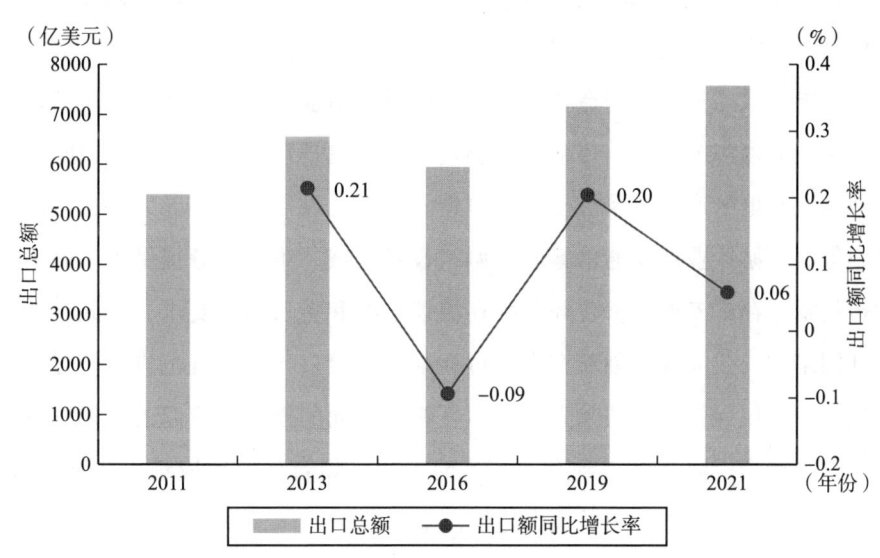

图4-4 2011～2021年中国先进制造业出口情况及变化趋势

资料来源：国家统计局《中国高技术产业统计年鉴》。

4.3.2 先进制造业创新网络合作特质

4.3.2.1 网络模块分工程度深化

因先进制造业高技术性、高专业化的特点，某一技术领域的企业的创新往往由自身的知识资源基础所决定，针对独特的专业优势技术进行创新研发，产业创新网络合作往往具有高度模块分工的性质。这种模块分工将纵向一体化企业的创新价值链活动进行模块化分解，使其中的研发创新环节成为相对独立的创新模块，同时将原来企业的一些生产、研发、创新环节交由相对应的模块供应商，并且可以在模块供应商中进行选择与组合，对其创新成果进行吸收，供应商的创新水平与创新效益越高，网络模块分工的结合程度就越紧密。由统一模块标准设计并具有统一接口的供应商，充分利用了专用创新资源，既完成了专业化的创新分工，又可以实现模块化研发的规模经济，使得创新成本降低、创新收益增加。

以电子及通信设备制造业中的通信设备制造业为例（见表4-2），通信设备制造业可细分为通信传输设备制造、广播电视设备制造、家用视听设备制造等，其上游产业涉及电子器件制造、电子元件制造、半导体材料与液晶材料等，下游产业涉及通信运营、网络设备集成、维护服务提供等。而由于制造技术上存在专业性，各环节存在协议标准和接口标准要求，因此在整个创新网络中，供应商的创新产出通过标准化的接口与技术规范进行传导，网络模块间不仅保持一定的独立性，而且能在不同的模块供应商的选择中进行互补，在创新资源共享得到有效实现时，使创新合作的效应最大化地发挥，从而为整个产业的创新效益最大化提供基础。

表4-2　　　　　　　　　通信设备制造业产业链情况

产业链位置	集群产业
上游	电子器件制造
	电子元件制造
	半导体材料与液晶材料
中游	通信传输设备制造
	广播电视设备制造
	家用视听设备制造
下游	网络设备集成
	通信运营
	维护服务提供

4.3.2.2　创新转移优势凸显

随着创新制造和高质量发展理念的提出，先进制造业的创新合作范围也逐渐拓宽。由于企业创新的资源来源于从事生产的收益，并且企业为了扩大生产规模需要将资源更多地倾斜到生产制造中，因此企业的创新资源相对更为紧缺，从而创新成本相对较高，即便出现技术革新的需求，也需要考虑研发投入、人力成本等因素。此时创新转移的优势显现出来，通过创新网络中的其他创新主体进行合作，企业可以通过资源互换、技术合作等方式来解决现有的技术难关，或者满足未来即将出现的技术需求（樊钱涛，2011）。

创新转移通常有外部研发、技术外购等表现形式，并且具有如下优势：第一，高校和科研机构等创新主体通常拥有高水平的实验室和科学家，因而企业与其进行研发合作可以有效分摊创新成本和风险，提升创新绩效；第二，企业间的创新转移有利于知识资源的互换，由于创新资源往往具有"隐性知识"的特征，通过创新主体的合作可以有效促进创新资源集聚，从而促进产业的技术融合与进步；第三，外部研发与技术外购等技术合作通常集中于生产创新的关键领域,因而其技术进步的应用性更强,给企业带来的创新绩效回报更为明显(解学梅,2010)。先进制造业企业的创新研发从最初的企业单一主体创新,到企业-研究所、企业-高校的产研、产学合作,再到如今的企业-研究所-高校的多主体创新网络格局,体现了中国先进制造业的技术研发合作优势越来越显著,创新网络的合作程度更为紧密。

以先进制造业中的电子及通信设备制造业为例,企业充分利用网络创新转移建立技术合作优势。例如,武汉光电子信息集群的企业充分利用企业间、企业与科研院所间的创新网络合作,通过网络创新转移补充完善自身技术创新体系;电子设备制造业的代表企业海创电子与武汉大学签订驯服晶振技术项目,通过创新转移合作帮助企业在电子设备输出精度上提高了5个数量级;锐科激光通过与其他企业进行技术外购,掌握了光纤耦合器、功率合束器等核心元器件和材料的生产相关关键技术并实现了规模化生产,并且完成对工业化稳定大功率超快激光器技术的创新转移,实现超快激光器产品的生产研发飞跃式进步。通过网络创新转移,企业能够进一步扩大在产业中的专业技术优势,优化创新资源配置,提升创新竞争优势。

4.3.2.3 产业集聚态势日渐增强

近年来,中国加速推进先进制造业集群发展,已基本建成具有一定规模和影响力的先进制造业集群,并将进一步提升国际竞争力、促进区域经济协同发展。从发展现状来看,伴随着中国先进制造业产业园区与基础设施的建设完善,实现产业地理聚集的同时也在一定程度上发挥了产业的联动效应,基本建成具有一定规模和影响力的先进制造业集群。这些产业集群主要涉及医药制造业、航空航天器及设备制造业、电子及通信设备制造业、医疗仪器设备及仪器仪表制造业、化学信息品制造业和计算机及办公设备制造业等领域,并对周边地区的经济产生了积极的辐射带动作用(见表4-3)。

表4-3 中国先进制造业产业集群状况

先进制造业领域	集群地域	集群产业
医药制造业	北京中关村生物医药产业集群	领跑全国生物医药产业集群
	江苏泰州医药产业集群	中国唯一的国家级医药高新区
	上海张江医药产业集群	全球瞩目的生物医药产业创新集群
航空、航天器及设备制造业	西安航空航天产业集群	中国大中型飞机研制生产重要基地
	海南文昌航天产业集群	国内航天超算大数据产业集群
	株洲市中小航空发动机集群	新中国第一台航空发动机生产地到世界一流中小航空发动机产业集群
电子及通信设备制造业	深圳新一代信息通信产业集群	国内最完备先进信息通信制造产业集群
	成渝地区电子信息先进制造集群	形成"电子信息+"多维先进制造产业链
	武汉市光电子信息集群	全球光电子信息产业集群是国内唯一上榜集群
医疗仪器设备及仪器仪表制造业	苏州生物医药高端医疗器械集群	综合竞争力位居国内第一的医疗器械集群
	深广高端医疗器械集群	工信部重点培育的高端医疗器械先进制造业集群
	深圳精密仪器设备产业集群	国内精密仪器仪表全链条聚集区
信息化学品制造业	宁波市磁性材料产业集群	国内规模最大的磁性材料研发生产集群
计算机及办公设备制造业	东莞市智能移动终端集群	万亿级计算机办公终端及设备制造集群
	长沙市新一代自主安全计算集群	全国唯一实现核心芯片全类型设计国产自主集群
	上海市集成电路集群	国内集成电路产业综合水平高、产业链完整的集聚地

电子及通信设备制造业的深度融合发展，成为推动制造业升级的重要引擎。电子及通信设备制造业作为战略性新兴产业的重点，在原有制造业的基础上快速转型升级，并形成集群发展的优势，典型代表有深圳电子信息产业集群、成渝地区电子信息先进制造集群和武汉光电子信息集群等。航空航天器及设备制造业集群起步晚发展快，主要代表有西安航空航天产业集群、株洲市中小航空发动机集群和海南文昌航天产业集群。其中海南文昌航天产业

集群拥有国内最大的航天数据超算中心，形成围绕"航天数据"展开的优势布局。医疗仪器设备及仪器仪表制造业属于前沿领域，创新发展持续加快，集群优势格外明显。目前，中国该领域主要有苏州生物医药及高端医疗器械集群、深广高端医疗器械集群、深圳精密仪器设备产业集群等。医药制造业由生物技术产业与医药产业共同组成。中国生物技术发展迅速，在干细胞、合成生物学、神经生物学、纳米生物、成像技术等多个领域均有突破。目前，该领域主要有北京中关村、江苏泰州、上海张江的产业集群。

从中国先进制造业集群空间分布来分析，中国已形成以"两核多极"为特征的先进制造业集群空间分布格局。其中，"两核"分别为珠三角核心地区和长三角核心地区。珠三角核心地区主要集中在深圳、广州、东莞和江门等市，是国内领先的先进制造业研发生产基地。其中，深圳主要涵盖多种先进制造业高科技研发，广州在医疗仪器设备制造业具有较强优势，东莞则主要涉及计算机制造装备的研发与制造。长三角核心地区围绕上海、江苏、浙江发挥支撑互补的作用，在生物医药制造、信息化学品制造、计算机集成电路等产业领域表现较突出，形成了较完整的设计、研发和制造产业链与产业生态系统。中部地区产业集群覆盖湖南、湖北等地区，在光电子信息制造业与航空装备制造方面具有较强优势。西部地区产业集群则主要覆盖陕西、川渝等地区，在电子信息制造业和航空航天产业形成了较大规模的产业集群。

区域内的产业集聚可以通过规模效应来影响创新效率。同类企业由于集聚带来的邻近优势，可以进行技术和资源的共享、交流和协作，通过专业化分工来促进企业的创新水平提升，有利于促进创新人才的流动与专业知识的合理化配置。集聚区内的专业化分工和人才交流也会提高企业的创新能力，激发企业的创新意愿，使得企业更加专注于自身的核心业务领域，加快技术进步和产品创新，从而吸引更多的资金、人才等研发资源，进一步提升产业的创新活力。

4.3.3 先进制造业创新现状

4.3.3.1 总体创新现状

中国正从创新制造大国向创新制造强国迈进,在以医药制造、远程通信、集成电路等为代表的先进制造领域,涌现出了一大批创新型企业,有效增强了创新发展新动力。根据《中国高技术产业统计年鉴》与国家统计局网站的统计数据,截至2021年末,中国规模以上先进制造业企业新产品项目数18.44万项,新产品开发经费达6152亿元,新产品销售收入6.9万亿元,较2011年增加2.39倍,年复合增长率21.7%,新产品销售收入较新产品开发费用高出10.2倍,说明新产品研发投入产出成正比,研发回报较高,企业的创新活动受到较大的激励(见图4-5)。新产品开发投入比于2016年后呈增长趋势,说明中国先进制造业企业对创新投入的重视程度越来越高,市场中创新竞争较为激烈。

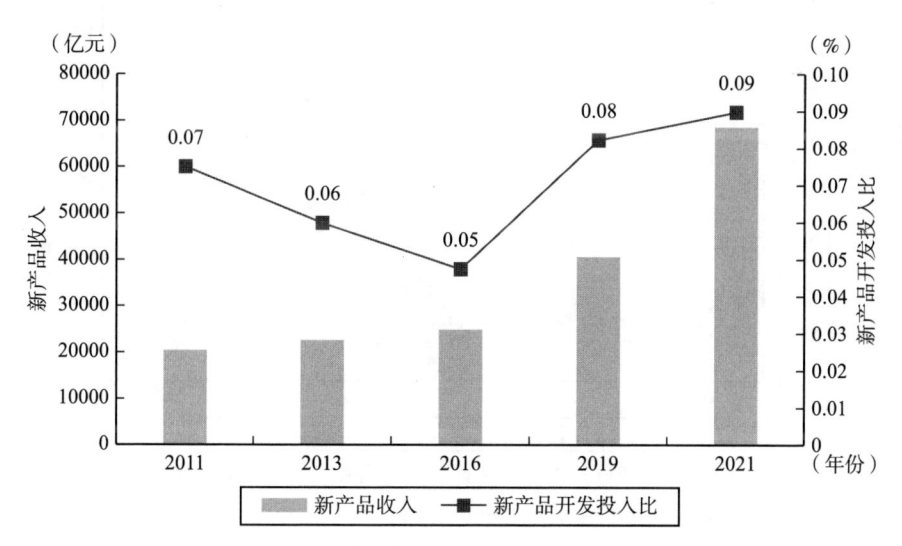

图4-5 2011~2021年中国先进制造业新产品收入情况

资料来源:国家统计局《中国高技术产业统计年鉴》。

根据美国信息技术与创新基金会（ITIF）于2022年发布的《汉密尔顿指数：评估国家在先进制造业竞争中的表现》，中国先进制造业的增长惊人，从1995年其先进制造业产出在全球的占比不足4%到2018年的21.5%，其中增长最强劲的领域是在电子及通信设备制造领域，占据全球1/3以上的产量，在世界范围内占有较强的市场优势。[①]

如图4-6所示，根据《中国高技术产业统计年鉴》与国家统计局网站的统计数据，截至2021年末，中国规模以上的先进制造业企业专利申请34.85万项，较2011年的77725项提升3.48倍，年平均增长率为40.7%。可见中国先进制造业的技术研发需求之大，创新绩效提升之快。在专利申请总数中发明专利有17.45万项，占专利申请量的50.1%，说明先进制造业企业的创新技术含量高、原创性较强。分产业来看，电子及通信设备制造业的专利发明占专利申请数的53.8%，创新程度最高，中国在电子集成电路和通信领域逐渐建立后发技术优势。

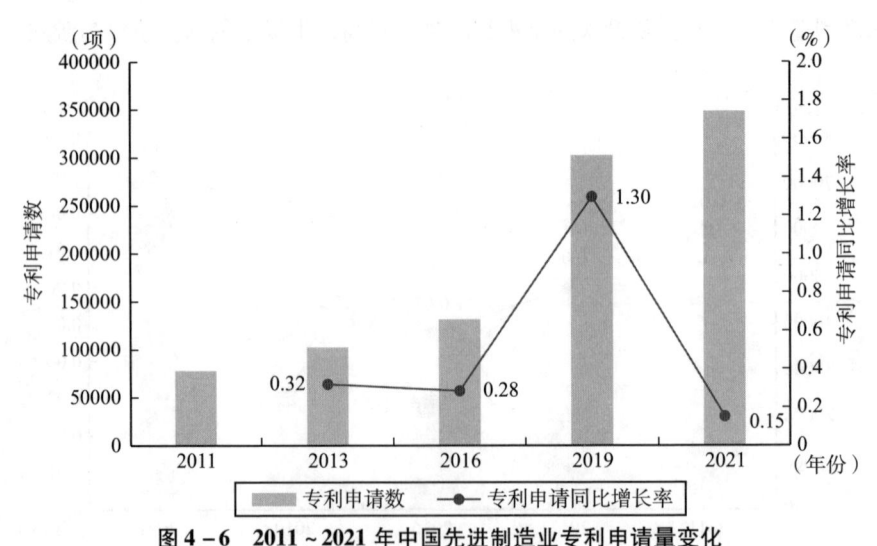

图4-6 2011~2021年中国先进制造业专利申请量变化

资料来源：国家统计局《中国高技术产业统计年鉴》。

---

① ITIF《汉密尔顿指数：评估国家在先进制造业竞争中的表现》（2022年）。

中国先进制造业企业的技术创新绩效不断提升，成效显著，为促进中国经济发展、企业价值链攀升发挥了重要的作用，这与其对研发投入的高度重视密切相关。从支出结构看，先进制造业企业研发内部支出4649亿元，其中研发人员劳务费1832亿元，占内部研发支出的39.4%，说明研发人员依旧是企业研发支出的核心内容，企业研发外部支出563亿元，是研发内部支出的12.1%，企业的研发创新重心依然在企业内部。为进一步提升创新绩效，先进制造业企业需要加大技术创新投入，提升企业研发效率，保证企业研发投入的有效性，同时注重外部研发合作。政府也应该鼓励企业与其他创新主体进行创新合作，给予跨领域、高技术的创新合作相应的激励政策。

4.3.3.2 具体产业创新现状

第一，电子及通信设备制造业技术迭代较快。通过加大研发投入力度和创新赶超，电子及通信设备制造业技术创新绩效提升较快（如图4-7所示）。2021年末，电子及通信设备制造业企业专利申请23.08万项，较2011年的7.77万项提升1.97倍，年平均增长率46.7%；有效发明专利数达39.48万项，较2011年的4.44万项提升7.88倍。[①] 在专利申请总数中发明专利有12.42万项，占专利申请数的53.8%，创新程度保持较高水平。通信设备、雷达及配套设备制造领域的技术创新最为突出，专利申请数达6.89万项，其中发明专利5.11万项，发明专利占比达74.2%，充分驱动中国通信设备、雷达及配套设备在性能、技术、能效等多方面的发展。企业研发内部支出2932亿元，其中研发人员劳务费1237亿元，技术人才引培投入较大。

其中，华为、中兴通讯作为中国通信设备制造业的代表企业，在5G无线技术、分布式智能通信储存和天线领域占有较强技术优势，2011~2020年连续10年在专利申请量和发明专利授权量上保持行业领先水平，创新人才基

---

① 2011~2021年国家统计局《中国高技术产业统计年鉴》。

础储备高。中国电子及通信设备制造业通过技术迭代和工艺升级，在通信设备、雷达及配套设备、电阻电容电感元件制造、光纤光缆及锂离子电池制造等多领域积累技术资源，逐步建立后发优势，走向世界行业的前列。

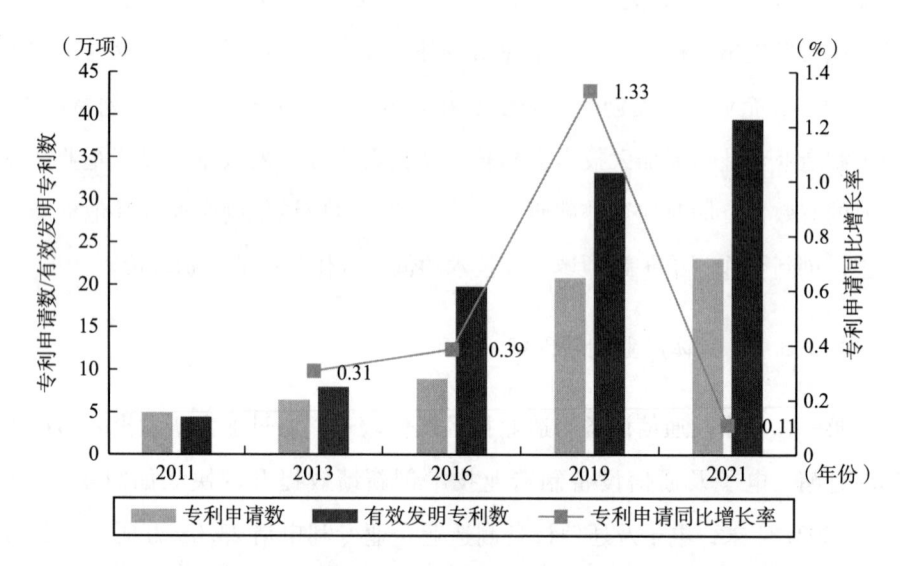

图 4-7　2011~2021 年中国电子及通信设备制造业专利申请量变化

资料来源：国家统计局《中国高技术产业统计年鉴》。

第二，计算机及办公设备制造业创新需求凸显。当前，中国正处于抢占全球信息技术科技创新制高点和推动自主软件系统规模化应用的重要交汇期，在以智能办公设备、新型计算机为代表的新一轮数字基础设施建设提速和内生动力日益增强等多种因素的共同驱动下，中国计算机及办公设备制造业的创新需求不断提升（如图 4-8 所示）。2021 年末，计算机及办公设备制造业企业专利申请 2.51 万项，较 2011 年的 1.19 万项提升 1.11 倍；有效发明专利数达 3.73 万项，较 2011 年的 1.11 万项提升 2.36 倍。[①] 在专利申请总数中

---

① 2011~2021 年国家统计局《中国高技术产业统计年鉴》。

发明专利有8080项，占专利申请数的32.2%。分制造领域看，计算机外围设备制造和计算机整机制造创新需求凸显，专利申请数分别达5706项和4190项，发明专利占比达42.5%，在计算机及办公设备市场需求规模大且竞争激烈的当下，满足创新需求成为企业赢得市场竞争的关键。

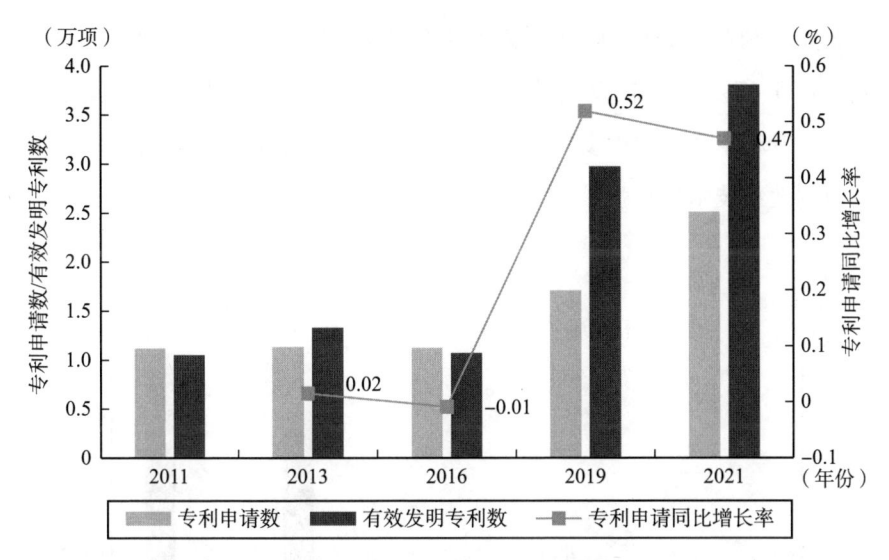

图4-8 2011~2021年中国计算机及办公设备制造业专利申请量变化

资料来源：国家统计局《中国高技术产业统计年鉴》。

计算机及办公设备制造业企业研发内部支出276亿元、外部支出24.9亿元，研发重心仍在企业内部。在计算机服务器领域，浪潮信息保持着较高的技术领先地位，2021年专利申请2649项，研发人员3002人，占员工总数的40.4%，核心研发资源充足。浪潮信息通过传统云计算架构服务器的市场转型需求，布局边缘计算服务器，与上下游企业共同制定面向运营商边缘计算需求的边缘服务器设计标准OTII，并率先推出业界首款基于OTII标准的边缘服务器。中国计算机及办公设备制造业把握以云计算、智能办公、边缘计算为代表的新兴技术发展和应用，支撑着中国制造业数字化与智能化转型，并成为先进制造业发展的重要引擎。

第三，医药制造业技术后发优势强劲。中国的医药制造企业起步较晚，与发达国家在全球市场占有率、产品竞争力等方面的差距依然很大，但在生物医药领域发展迅猛（如图4-9所示）。2016~2021年，中国生物药市场规模从1836亿元增至3457亿元，复合增长率为17.14%。2021年末，医药制造业企业专利申请2.91万项，较2011年的6413项提升3.53倍；有效发明专利数达5.67万项，较2011年的6257项提升9.07倍，技术进步速度较为明显。在专利申请总数中发明专利有14633项，占专利申请数的50.2%，创新的原创性和技术性较强。

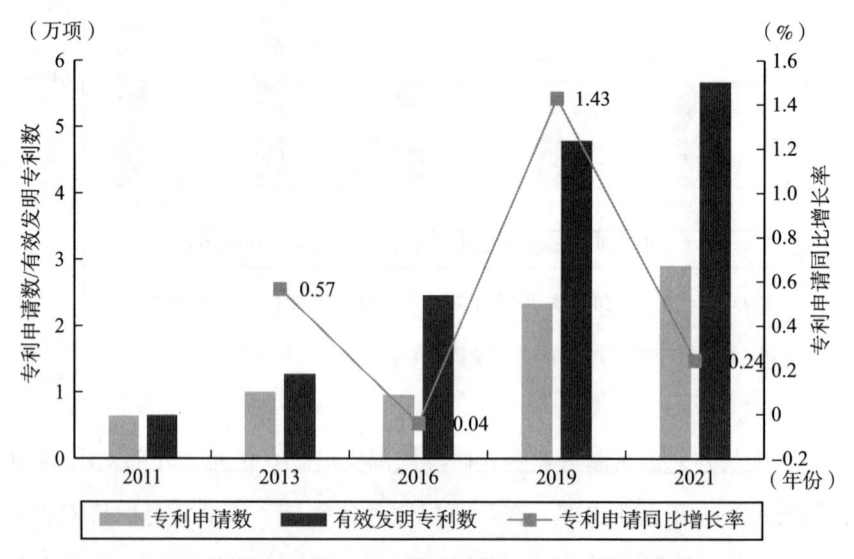

图4-9 2011~2021年中国医药制造业专利申请量变化

资料来源：国家统计局《中国高技术产业统计年鉴》。

分制造领域看，化学药品制造与生物药品制品制造领域技术创新能力较强，专利申请数分别达1.17万项和5036项，发明专利占比达60.3%。从产业维度来看，中国医药制造企业在国内与世界市场都占有较强竞争优势，原料药和高品质药的刚需性和巨大社会价值无可替代。医药制造业企业研发内部支出785亿元，其中研发人员劳务费205亿元；企业研发外部支出121亿元，外部研发合作水平较高。同和药业、复星医药以及贝瑞基因等企业以加巴喷丁、非布司他等原料药建立市场优势，并在生物医药研发领域新布局，占据主动地位。中国医药制造业依托原料药、CDMO、高品质药等方面的技术优势与市场优势，通过企业长周期的技术积淀，在海外和国内市场不断取得突破，在实现自身持续快速增长的同时，共同打造出中国医药制造业全球崛起的态势。

第四，航空航天器及设备制造业发力自主创新。航空航天器及设备制造业作为代表国家先进技术的高端装备产业，近年来国家陆续出台了多项产业政策引导其创新发展。2021年末，航空、航天器及设备制造业企业专利申请5439项，有效发明专利数达1.56万项。分制造领域来看，航空整机制造与航空发动机制造领域有较强的技术创新，专利申请数分别达2301项和1141项。[①] 从产业维度来看，中国航空航天器及设备制造业主要由航空领域的国有大型企业集团主导，依托产业的自然垄断特质，形成国有大型企业以及中外合资企业为主，众多原材料和零部件配套供应商为辅的企业格局。以航空发动机制造领域的龙头企业航发动力为例，作为中国航发旗下航空动力整体上市唯一平台，是国内少数能够自主研制航空发动机产品的企业，2021年专利申请数达412项，发明专利授权数达452项，具有较强的自主研发能力和技术创新积累，其研制的CJ-1000A发动机将对C919目前所搭载的LEAP-X1C型涡扇发动机进行国产替代。在当前新一轮航空航天探索浪潮下，星载激光通信、火箭发动机、相控阵通信天线、卫星数据智能处理等新产业不断涌现，航空航天器及设备制造业企业分工合作的"雁群效应"初现，通过企业间创新合作不断加强深化，中国航空航天器及设备制造业获得了更持久的

---

① 2011~2021年国家统计局《中国高技术产业统计年鉴》。

创新动力。

第五，医疗仪器设备及仪器仪表制造业创新动能持续增强。信息化和网络化引发了对影像化、数字化等高精尖仪器设备的需求增长，给医疗器械生产企业带来了一定的市场空间（如图4-10所示）。2021年末，医疗仪器设备及仪器仪表制造业企业专利申请5.71万项，较2011年的8358项提升5.84倍；有效发明专利数达6.42万项，较2011年的4644项提升12.83倍，产业的有效发明专利呈现蓬勃增长趋势，长足驱动医疗仪器设备及仪器仪表制造业的创新发展。在专利申请总数中发明专利有2.09万项，占专利申请总数的36.6%。分制造领域看，通用仪器仪表制造领域技术创新效果最为明显，专利申请数和发明专利申请数分别达2.38万项和8365项，有效发明专利数为2.55万项，占医疗仪器设备及仪器仪表制造业有效发明专利总数的39.8%。

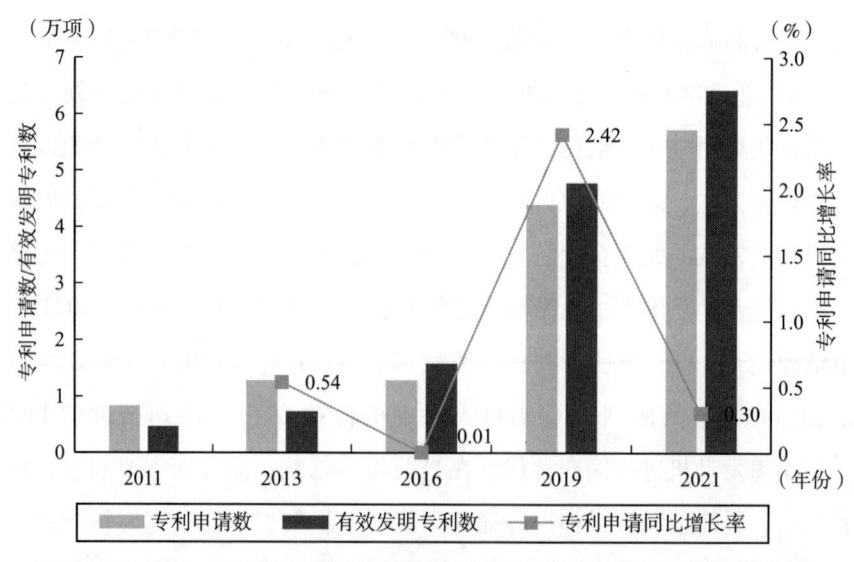

图4-10　2011~2021年中国医疗仪器设备及仪器仪表制造业专利申请量变化

资料来源：国家统计局《中国高技术产业统计年鉴》。

从产业维度来看，医疗仪器设备及仪器仪表制造业企业研发内部支出

447亿元，其中研发人员劳务费201亿元；研发外部支出24.8亿元，企业的研发投入力度处于较高水平。中国医疗仪器设备及仪器仪表制造业的创新发展呈现多头发展趋势，其中，中国康复器械走在了国际医疗器械的前列，尤其是神经康复机器人、电生理监测与评价设备等领域取得了一系列的重要进展；仪器仪表制造业的龙头企业川仪股份，在动设备的健康状况检测诊断的谐波领域掌握核心技术优势，并且在智能仪表、环保监测类仪器有着较高的市场地位，2021年专利申请数77项，研发支出达3.7亿元，占企业营业收入的6.8%。[①] 近年来，社会健康关注的普遍提升对医疗仪器设备的刚性需求以及国家对精密仪器仪表制造创新扶持力度的不断加大，将成为医疗仪器设备及仪器仪表制造业高速发展的根本动力。

第六，信息化学品制造业技术转型升级。信息化学品制造业在数字化、智能化不断发展的过程中，核心技术的创新转型和跨界应用成为企业发展的驱动力（如图4-11所示）。2021年末，信息化学品制造业企业专利申请818项，较2011年的1320项有所下降；有效发明专利数达1346项，较2011年的1204项提升11.8%。在专利申请总数中发明专利有432项，占专利申请数的52.8%，专利申请的原创性和技术含量较高。

从产业维度来看，伴随着数码行业的兴起，中国信息化学品制造业企业需要探寻新的技术方向和市场需求。信息化学品制造业企业研发内部支出8.64亿元，其中研发人员劳务费2.85亿元；新产品销售收入202亿元，创新投入产出比较高[②]。其中，乐凯胶片通过对胶片领域核心技术的跨界运用，利用涂布、成膜、微结构等方面的技术优势，研制出中国第一代涂布型太阳能电池背板，2021年光伏背板生产量达7093.37万平方米，其中透明光伏背板全年销量实现全球出货量第一，在影像材料、光伏材料、锂电材料、医学影像等板块有着较强的技术创新积淀。通过核心技术的把握与研发方向的研

---

① 川仪股份2021年年度报告。
② 2011~2021年国家统计局《中国高技术产业统计年鉴》。

判分析，中国信息化学品制造业得以充分实现创新转型。

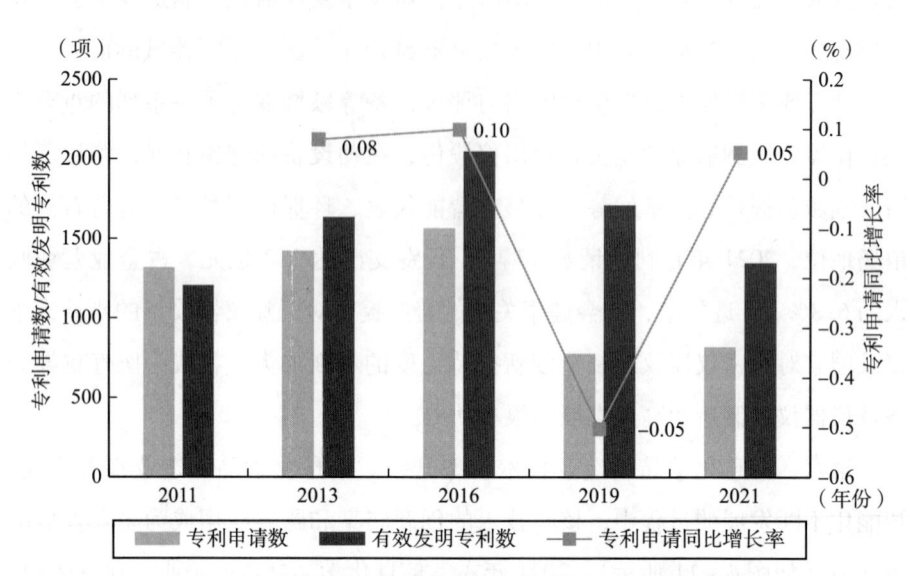

图 4-11　2011~2021 年中国信息化学品制造业专利申请量变化

资料来源：国家统计局《中国高技术产业统计年鉴》。

| 第 5 章 |
产业创新网络合作的创新绩效（二）

本章构建了产业创新网络合作的创新绩效实证分析模型，对先进制造业创新网络合作影响创新绩效的研究假设进行了实证检验，针对国有和非国有的所有权差异做了异质性分析，据此得到研究结论，并从政府和企业两个视角提出了政策建议。

5.1 先进制造业创新网络合作对创新绩效影响的实证检验

5.1.1 模型构建与数据说明

5.1.1.1 模型构建

为检验网络创新吸收与网络创新转移对企业

创新绩效的影响，本书以先进制造业创新绩效为研究对象，并以企业发明专利申请数作为企业技术创新绩效的衡量标准，以企业的市场份额作为企业市场创新绩效的衡量标准；采用网络创新吸收与网络创新转移作为解释变量，以企业规模、政府支持程度、研发人员占比、教育背景、企业研发支出、企业投资能力、资产负债率作为控制变量，最终建立计量方程如下：

$$Patent_{i,t} = \delta + \alpha_1 Ptf_{i,t} + \alpha_2 Tos_{i,t} + \alpha_3 \ln Gov_{i,t} + \alpha_4 \ln Size_{i,t} + \alpha_5 Rdratio_{i,t} \\ + \alpha_6 Edu_{i,t} + \alpha_7 \ln Rd_{i,t} + \alpha_8 \ln Cf_{i,t} + \alpha_9 Lev_{i,t} + \varepsilon_{i,t} \quad (5-1)$$

$$Share_{i,t} = \delta + \alpha_1 Ptf_{i,t} + \alpha_2 Tos_{i,t} + \alpha_3 \ln Gov_{i,t} + \alpha_4 \ln Size_{i,t} + \alpha_5 Rdratio_{i,t} \\ + \alpha_6 Edu_{i,t} + \alpha_7 \ln Rd_{i,t} + \alpha_8 \ln Cf_{i,t} + \alpha_9 Lev_{i,t} + \varepsilon_{i,t} \quad (5-2)$$

其中，$Patent_{i,t}$ 代表 i 企业 t 年的技术创新绩效，$Share_{i,t}$ 代表 i 企业 t 年的市场创新绩效。$Ptf_{i,t}$ 代表 i 企业的网络创新吸收情况，$Tos_{i,t}$ 代表 i 企业的网络创新转移情况，$\ln Gov_{i,t}$ 代表 i 企业的政府支持力度，$\ln Size_{i,t}$ 代表 i 企业 t 年的企业规模，$Rdratio_{i,t}$ 代表 i 企业 t 年的研发人员占比，$Edu_{i,t}$ 代表 i 企业 t 年的员工教育背景情况，$\ln Rd_{i,t}$ 代表 i 企业 t 年的研发支出，$\ln Cf_{i,t}$ 代表 i 企业 t 年的投资能力，$\ln Lev_{i,t}$ 代表 i 企业 t 年的资产负债情况。

5.1.1.2 数据说明

本书选用中国先进制造业上市公司作为研究样本，参照中国证监会《上市公司行业分类指引》，通过企业主营业务所对应的板块，选取航空航天器及设备制造业、医药制造业、计算机及办公设备制造业、电子及通信设备制造业、医疗仪器设备及仪器仪表制造业、信息化学品制造业这六类行业中的上市企业进行微观数据的收集，通过分层随机抽样法选取企业166家。根据中国科技部产业技术创新战略联盟网站的调查统计，中国先进制造业企业创新网络数量持续增加，并且保持较为活跃的程度。因此，本书的考察区间选定为2011~2021年，并在该期间内选择数据。通过手动整理与收集相关企业的年报并对数据进行核实，并依据以下原则进行筛选：

第一，鉴于中国 A 股上市企业和 B 股上市企业存在企业规模、交易方式、管理经营等方面的差异，本书选取沪深两市 A 股的先进制造业上市企业。

第二，针对生产运营状况欠佳和绩效情况较差的企业进行剔除，即剔除带有 ST、PT 和 *ST 标志的企业以及在 2011~2021 年中途退市的企业。

第三，通过年报数据核查，对数据库查询结果进行比对与补充，剔除财务数据和控制变量缺失的企业。

第四，在国家知识产权局网站、佰腾网对企业的专利信息进行检索，剔除专利信息缺失以及专利数据过少的企业。

经过上述原则的筛选与数据整理，最终选取 147 家企业作为研究样本。其中，所需的专利数据主要来源于国家知识产权局网站、SooPAT 专利检索、德温特（Derwent）专利数据库与佰腾网，并对专利数据进行手工整理，企业运营研发相关数据来源于同花顺数据库，技术外购数据来源于企业年报以及中国国家统计局，企业年报通过巨潮资讯网收集，其他数据主要来源于万得（Wind）数据库、国泰安（CSMAR）数据库，以及《中国高技术产业统计年鉴》。最终获得 1617 条先进制造企业样本数据。

5.1.2 变量选择

5.1.2.1 被解释变量

（1）技术创新绩效（Patent）：本书选取发明专利申请数量作为技术创新绩效的衡量指标。根据中国专利法中的专利分类，专利可以分为发明专利、实用新型专利和外观设计专利。发明专利主要为对产品、工艺及方法改进所提出的新技术方案；实用新型专利主要指对产品的构造、外形提出的更具有实用价值的新技术方案；外观设计专利主要指对产品的图案、样式及其结合所提出的新设计方案。在这三类专利中，发明专利的创新程度最高，创新效果最为明显，与先进制造业的高技术属性更为符合。

（2）市场创新绩效（$Share$）：本书选取市场份额作为市场创新绩效的衡量指标。市场份额通过企业年度主营业务收入与产业销售收入之比进行衡量。傅家骥（1998）认为，创新是企业在运营中开发新技术与新工艺，并向市场提供全新产品，以此提升市场占有率、提升创新能力的过程。市场份额的增加意味着企业的创新活动带来了市场认可度的提高，新产品的商业化得以实现，把企业的品牌价值提升到新的水平，改善了企业的经营状况和市场地位，有效地提高了企业的创新优势识别和研判能力。

5.1.2.2 解释变量

（1）网络创新吸收（Ptf）：本书采用前五大供应商采购额占比对网络创新吸收程度进行界定。供应商采购额占比是指企业在其供应商网络中的采购金额占整个采购金额的比例。由于先进制造业的高技术性、高专业化的特点，产业创新网络合作往往具有高度模块分工的性质。供应商作为子级网络中的企业，其在技术、工艺上的创新成效会以效能增加或成本降低体现在产品的供应中，从而提高自身供应在总采购额中的占比。企业可以通过采购充分吸收供应商的创新成果，进而改善自己的工艺水平，降低创新成本。因此，前五大供应商采购额占比越高，体现该企业的创新合作越紧密，网络创新吸收程度越高。

（2）网络创新转移（Tos）：本书采用技术外购对网络创新转移程度进行界定。在创新网络合作中，企业可以通过技术外购的方式，主动与网络中的其他创新主体进行创新转移，合作解决现有的技术难关，或者满足未来即将出现的技术需求。阿胡贾（Ahuja，2001）认为，技术外购是在前五年内目标企业获得专利，或在公告中指出是以提升技术为目的。中国常见的技术外购是在公告中披露存在意图为获取技术而与研究所、高校与其他企业进行的外购,以及属于中国国家统计局定义的"医药制造、医疗仪器设备及仪器仪表制造、电子及通信设备制造,电子计算机及办公设备制造、航空航天设备制造、信息化学品制造"等产业中的技术购买。关于技术外购的计量,由于技术外购的金额数据属于企业研发的核心信息,较多企业并未详细公开而难以准确获得,本书参考张娜娜(2019)的研究方法,手工收集样本上市企业公告,采用虚拟变量表示,如果发生技术外购,则 Tos 取 1,否则 Tos 取 0。

5.1.2.3 控制变量

(1) 研发人员占比($Rdratio$):以企业研发人员在本企业总员工人数中的比例进行衡量。技术创新理论认为,人才资源是重要的企业创新资源禀赋,研发人员可以在一定程度上反映企业进行技术研发和创新的软实力,通常企业的研发人员占比越高,表明企业对研发投入重视度越高,从而影响企业的创新绩效。

(2) 政府支持力度($\ln Gov$):采用企业获得的政府补贴对政府支持力度进行衡量。根据产业创新理论,政府的支持力度往往会影响企业对于创新研发的投入力度,继而对创新绩效产生影响。政府的支持力度通常表现为政府补贴、政策扶持等,考虑到数据统计口径标准与数据的准确性,本书选用企业获得的政府补贴来衡量政府的支持力度。

(3) 教育基础(Edu):以企业拥有本科以上学历人数在本企业在职员工总数中的比例进行衡量。通常企业员工平均学历越高,表明企业研发创新的人才资源基础越强,进一步影响企业的创新绩效。

(4) 研发支出($\ln Rd$):以企业研发投入资金来衡量。企业研发投入越高,表明其技术创新越频繁,技术改进与新技术应用力度越大,进而伴随的技术外溢与创新外部性效应会影响到企业整体创新绩效。

(5) 企业规模($\ln Size$):以企业资产总量进行衡量。资源基础理论认为规模较大的企业通常拥有较多的创新资源,为创新活动奠定良好的基础。并且企业的规模通常会为企业带来规模经济,进而对企业的创新绩效产生影响。以往研究中对企业规模进行测度的指标主要有资产总量、员工人数、营业收入等,由于员工人数存在波动且营业收入受外界因素影响较大,故本书选择资产总量进行衡量。

(6) 企业投资能力（$\ln Cf$）：用企业所持现金流进行衡量。企业持有现金流可直接用于实时投资而不需要进行筹资等行为,现金流可直接衡量企业健康程度与企业投资意愿,进而影响到企业的研发创新能力。

(7) 资产负债率（Lev）：用企业的资产负债率进行衡量。企业的债务占比会影响企业的研发投入力度,进而影响创新绩效,但同时债务也可以为企业的生产研发提供资源,补充企业的研发投入资金,从而提升企业的创新能力。

本书使用 Stata 16 统计软件进行实证分析,对部分数据采用取自然对数处理。变量设置与说明如表5-1所示。

表5-1　　　　　　　　　　变量设置与说明

变量类型	变量名称	变量符号	变量描述
被解释变量	技术创新绩效	$Patent$	企业发明专利总申请量
	市场创新绩效	$Share$	企业年度主营业务收入与产业销售收入之比
解释变量	网络创新吸收	Ptf	前五大供应商采购占比
	网络创新转移	Tos	是否发生技术外购
控制变量	政府支持力度	$\ln Gov$	政府补贴
	公司规模	$\ln Size$	企业的资产总量
	教育背景	Edu	本科以上学历人数/在职员工总数
	研发人员占比	$Rdratio$	企业研发人员占企业总员工人数
	研发支出	$\ln Rd$	企业研发投入
	企业投资能力	$\ln Cf$	企业所持现金流
	资产负债率	Lev	企业总负债/总资产

5.1.3 描述性统计和多重共线性检验

5.1.3.1 描述性统计

本书以 147 家先进制造业企业作为样本进行分析,整体样本观测值较足。观察表 5-2 可以看出,技术创新绩效的最大值达到 5839,而最小值为 0,标准差为 448.3723,标准差数值较大,这说明中国先进制造业不同企业间的技术创新绩效情况差异较大。此外,先进制造业市场创新绩效的标准差为 0.1046,均值为 0.0047,说明先进制造企业的市场创新绩效仍处在均衡状态,要进一步发挥企业创新产出带来的市场优势。

表 5-2　　　　　　　　描述性统计结果

变量	观测值	均值	标准差	最小值	最大值
$Patent$	1217	126.3574	448.3723	0	5839
$Share$	1232	0.0047	0.1046	0.0002	0.1217
Ptf	1112	27.3877	14.9398	2.07	96.48
Tos	1232	0.5227	0.4997	0	1
$lnGov$	1354	16.4777	1.6876	7.8240	20.7295
$lnSize$	1115	21.8925	1.4952	16.6539	27.7840
Edu	1469	0.2803	0.2307	0.0102	1
$Rdratio$	1084	0.1322	0.1429	0.0124	0.7894
$lnRd$	1006	18.0511	1.5575	9.5109	22.3276
$lnCf$	875	18.6455	1.5404	12.4599	25.1339
Lev	1107	0.4587	0.1981	0.0558	1.2265

从网络创新吸收与网络创新转移来看,网络创新吸收的最大值为 96.48,

最小值为2.07，标准差为14.9398，可以发现中国先进制造业企业间的创新网络合作较广泛，但网络创新吸收能力差异水平较大。由于中国对先进制造业企业采取的税费减免和大力进行相关研发补贴，政府支持力度的标准差为1.6876，表明各企业接受政府支持力度较大。研发支出的标准差为1.5575也相对较大，这表明不同企业的研发投入规模、资金实力存在较大差距。总体来说，中国先进制造业企业虽然存在局部的发展不充分、不协调的问题，但整体向上发展势态依然强劲。

5.1.3.2 多重共线性检验

在回归之前，首先要排除模型存在多重共线性导致参数估计失真或估计错误的可能性，本书对变量的方差膨胀因子值（VIF）进行计算，得到结果如表5-3所示。模型变量的最大方差膨胀因子为3.80，平均方差膨胀因子为1.94。根据方差膨胀因子分析，变量之间不存在严重的多重共线性问题，不会影响模型估算的准确性。

表5-3　　　　　　　　解释变量方差膨胀因子

变量	VIF	1/VIF
Ptf	1.44	0.880799
Tos	1.03	0.97264
$Rdratio$	2.03	0.492546
Edu	2.03	0.492549
$\ln Size$	3.80	0.262902
Lev	1.36	0.737814
$\ln Cf$	1.34	0.74587
$\ln Gov$	1.14	0.880799
$\ln Rd$	3.34	0.299217
VIF均值	1.94	—

5.1.4 实证检验结果

5.1.4.1 创新网络合作影响技术创新绩效的回归模型检验结果

本书所构建模型中不包含被解释变量的滞后项,属于静态面板数据,故可根据数据中个体效应随时间变化与否来决定采取时间固定效应模型或随机效应模型。采用豪斯曼(Hausman)检验的结果如表 5 – 4 所示,chi2 = 80.18,而 P = 0.000,因此拒绝随机效应模型,而选择固定效应模型。

表 5 – 4   豪斯曼检验结果

变量	FE (b)	RE (B)	差异 (b – B)	sqrt [diag (V_b – VB)] 标准误
Ptf_{it}	0.1731	0.0447	– 0.1284	0.0308
Tos_{it}	0.1139	0.1125	– 0.0014	0.0077
$lnGov_{it}$	0.8700	1.0253	0.1553	0.1472
$Rdratio_{it}$	– 0.1426	– 0.1244	0.0181	0.0276
$lnSize_{it}$	0.2330	0.6503	0.4173	0.1011
Edu_{it}	0.0345	0.2440	0.2094	0.0560
$lnRd_{it}$	0.7271	0.5008	– 0.2263	0.0651
$lnCf_{it}$	0.4299	0.3989	– 0.0310	0.0244
Lev_{it}	0.0350	0.1066	0.0715	0.0306

注:b = consistent under H0 and Ha;obtained from xtreg。B = consistent under Ha, efficient under H0;obtained from xtreg。Test:H0:difference in coefficients not systematic。chi2(11)=(b – B)[(V_b – V_B)^(– 1)](b – B)= 80.18。Prob > chi2 = 0.000。

接着采取逐步回归的方法,回归结果如表 5 – 5 所示。核心解释变量网络创新吸收(Ptf)与网络创新转移(Tos)在固定效应模型下对先进制造业企业的技术创新绩效的影响均为正向显著，由此验证了假设 H1 和假设 H2。

表 5-5　　　　　　　　　技术创新绩效模型回归结果

变量	(1)	(2)	(3)	(4)	(5)	(6)
Ptf	0.2942*** (7.0634)	0.1662*** (4.9102)			0.2834*** (7.0601)	0.1731*** (5.2035)
Tos			-0.0009 (-0.0260)	0.1037*** (3.7063)	-0.2945 (0.7912)	0.1139** (4.1972)
$\ln Gov$		0.8350*** (2.1815)		0.0722** (3.3329)		0.8700** (2.2934)
$Rdratio$		-0.1363*** (-3.9522)		-0.1126*** (-3.1953)		-0.1426*** (-4.1880)
$\ln Size$		0.2326*** (3.6845)		0.1801*** (2.8456)		0.2330*** (3.7618)
Edu		0.0353 (0.8637)		0.0963** (2.3112)		0.0346 (0.8581)
$\ln Rd$		0.7100*** (14.5021)		0.5917*** (12.9123)		0.7271*** (15.1118)
$\ln Cf$		0.4303** (5.0302)		0.5947 (6.5232)		0.4299*** (5.0861)
Lev		0.0300 (0.9565)		0.0562* (1.7815)		0.0351 (1.1253)
常数项	0.7889 (1.1422)	0.0207 (0.5312)	-0.0428 (-0.6523)	0.0218 (0.5217)	0.0934 (1.3127)	0.0806** (1.9637)

注：***、**、*分别表示在1%、5%、10%的水平上显著。

具体来看，网络创新吸收（Ptf）对于技术创新绩效的影响系数为0.1731，在1%的水平上通过了显著性检验，表明网络创新吸收的确对先进制造业企业的技术创新绩效存在显著的正向影响，能够在一定程度上促进企业创新绩效水平的提升,由此可以验证假设 H1。网络创新转移(Tos)对于技术创新绩效的影响系数为 0.1139,而且在 5% 的水平上较为显著,表明网络创新转移可以显著提升先进制造企业的技术创新绩效水平,由此验证了假设 H2。在两种创新网络合作方式的比较中,网络创新吸收对先进制造业技术创新绩效提升的促进作用更为明显,这是由于网络创新吸收为企业带来的技术优势更为全面。一方面,降低了企业自身的创新成本,使得企业的创新投入分配利用更为充分;另一方面,通过技术吸收强化了企业的技术体系,为企业的进一步创新提供更坚实的资源基础。这一结果在一定程度上说明中国先进制造业企业的创新网络合作程度已较深,网络创新吸收广泛且细致,从而创新动力更为充沛;而网络创新转移则仍处于向上发展阶段,先进制造业的创新主体间存在合作壁垒与技术屏障,部分企业仍然将技术创新视作"黑箱"中的独立环节,创新转移在一定程度上仍然不充分,故对于先进制造业技术创新绩效的提升作用有限。

在控制变量中,政府支持力度($\ln Gov$)对于技术创新绩效的影响系数为 0.8700,在 5% 的水平上通过了显著性检验,表明政府支持会较为显著地提高企业技术创新绩效。企业规模($\ln Size$)、研发人员占比($Rdratio$)、企业研发支出($\ln Rd$)、企业投资能力($\ln Cf$)在 1% 的水平上通过了显著性检验,其中,企业规模、企业研发支出、企业投资能力对先进制造业企业技术创新绩效的影响显著为正,研发人员占比与企业技术创新绩效呈反比关系,该结果的主要原因可能是存在知识资源积累薄弱、研发激励缺位、市场环境不完善等因素,导致企业研发人员并不能充分利用研发资源,最终表现为研发人员占比过高对先进制造业企业技术创新绩效的提升存在一定的抑制作用。

5.1.4.2 创新网络合作影响市场创新绩效的回归模型检验结果

同理,运用豪斯曼(Hausman)检验进行测度(如表 5-6 所示),chi2 = 22.40,而 P = 0.007 较为显著,因此拒绝随机效应模型,选择固定效应模型。

表 5-6　　　　　　　　　　豪斯曼检验结果

变量	FE (b)	RE (B)	差异 (b-B)	sqrt［diag（V_b-VB）］ 标准误
Ptf_{it}	0.4999	0.0595	-0.0095	0.0083
Tos_{it}	0.0552	0.0587	-0.0035	0.0022
$\ln Gov_{it}$	-0.7594	-0.7775	0.0181	0.0393
$Rdratio_{it}$	-0.0235	-0.0211	-0.0024	0.0089
$\ln Size_{it}$	0.6968	0.7209	-0.0241	0.0366
Edu_{it}	-0.1014	-0.1048	0.0033	0.0197
$\ln Rd_{it}$	-0.7271	-0.0727	0.0035	0.0217
$\ln Cf_{it}$	0.2387	0.2387	-0.0209	0.0059
$\ln Tdr_{it}$	0.0588	0.0588	0.0070	0.0081

注：b = consistent under H0 and Ha；obtained from xtreg。B = consistent under Ha, efficient under H0；obtained from xtreg。Test：H0：difference in coefficients not systematic。chi2（11）=（b-B）[（V_b-V_B）^(-1)]（b-B）= 22.40。Prob > chi2 = 0.007。

从表 5-7 的回归结果可以看出，核心解释变量网络创新吸收（Ptf）与网络创新转移（Tos）在固定效应模型下对先进制造业企业的市场创新绩效的影响均为正向显著，由此验证了假设 H3 和假设 H4。

表 5-7　　　　　　　　　　市场创新绩效模型回归结果

变量	(1)	(2)	(3)	(4)	(5)	(6)
Ptf	-0.1092 *** (-2.9630)	0.0460 (1.6450)			0.2391 *** (10.7830)	0.4999 * (1.8524)
Tos			-0.0433 (-1.2932)	0.0531 *** (3.6506)	0.0004 * (0.0203)	0.0552 *** (3.1964)
$\ln Gov$		-0.7731 *** (-3.0741)		-0.6009 ** (-2.4511)		-0.7594 *** (-3.0475)

续表

变量	(1)	(2)	(3)	(4)	(5)	(6)
Rdratio		-0.0206 (-0.7622)		-0.0467*** (-2.6670)		-0.0235 (-0.8837)
lnSize		0.6984*** (9.6124)		0.4959*** (10.1107)		0.6968*** (9.6720)
Edu		-0.1071** (-2.5360)		-0.0565** (-2.5744)		-0.1014** (-2.4206)
lnRd		-0.0824* (-1.6581)		-0.0954 (-1.58263)		-0.0692 (-1.3956)
lnCf		0.2199*** (4.0403)		0.3334*** (6.3118)		0.2179*** (4.0397)
Lev		0.0635** (0.9565)		0.1019*** (5.1621)		0.0657** (2.5044)
常数项	0.1676*** (8.8401)	-0.0319 (-1.3027)	0.2065 (1.0361)	0.0839*** (7.9551)	0.1749*** (9.2845)	-0.0047 (-0.1883)

注：***、**、*分别表示在1%、5%、10%的水平上显著。

具体来看，网络创新吸收对于市场创新绩效的影响系数为0.4999，在10%的水平上通过了显著性检验，表明网络创新吸收对先进制造企业的市场创新绩效存在正向影响，由此验证了假设H3。网络创新转移对于市场创新绩效的影响系数为0.0552，而且在1%的水平上非常显著，表明网络创新转移可以显著提升先进制造企业的市场创新绩效水平，从而验证了假设H4。与网络创新吸收相比，网络创新转移对企业市场创新绩效的提升更为直观，原因可能是网络创新转移对企业来说通常更为主动，企业可以就自己生产研发中遇到的技术难点以及创新关键资源，有针对性地搜寻相关技术，与其他创新主体进行网络创新转移，从而直接帮助企业克服创新过程中的技术缺失等问题，并且该过程可以在一定程度上帮助企业消除信息差，降低与其他创新主体的信息不对称，选择适当的创新研发项目，提高企业研发决策的科学性，提高市场份额。

控制变量中，企业规模（$\ln Size$）、教育背景（Edu）、企业投资能力（$\ln Cf$）、资产负债率（Lev）、政府支持力度（$\ln Gov$）均通过了5%水平上的显著性检验，其中，企业规模、企业投资能力、资产负债率对先进制造业的市场创新绩效有着显著的正向促进作用。政府支持力度对于市场创新绩效的影响系数为 -0.7594，在1%的水平上通过了显著性检验，表明政府的支持在一定程度上会抑制企业市场创新绩效，这可能是由于政府补贴提供了一种非市场化的竞争方式，使得受益企业可以在没有真正获得市场优势的情况下生存和发展，有可能致使企业缺乏动力去开发新产品或服务、改进生产流程，减弱了企业的创新意愿。教育背景对于市场创新绩效的影响系数为 -0.1014，在5%的水平上通过了显著性检验，这可能是由于企业过度注重学历背景可能会带来人事成本的上升，增加了企业在市场上的负担，继而抑制了企业的市场创新绩效。

5.1.5 稳健性检验

5.1.5.1 缩短时间窗口

为了对上述结论的可靠性进行进一步验证，解决模型与变量可能存在的内生性问题，借鉴王雄元（2019）的做法，在不对基础模型形式进行改变的条件下，选择缩短时间窗口进行稳健性检验的回归估计。其回归结果如表5-8所示。

表5-8 缩短时间窗口的稳健性检验结果

变量	Patent	Share
Ptf	0.1671 *** (4.8494)	0.0492 * (1.7762)
Tos	0.1053 *** (3.7896)	0.0605 *** (3.5502)
lnGov	0.9648 ** (2.5321)	-0.5483 ** (-2.2331)
Rdratio	-0.1353 *** (-3.8969)	-0.0597 ** (-2.0795)
lnSize	0.2130 *** (3.3072)	0.7227 *** (8.7192)
Edu	0.0078 (0.1904)	-0.0513 (-1.0879)
lnRd	0.7820 *** (14.9564)	0.0373 (0.6089)
lnCf	0.3870 *** (4.5472)	0.1957 *** (3.7445)
Lev	0.0208 (0.6559)	0.0318 (1.1416)
常数项	0.0768 * (1.8815)	0.1636 *** (3.0833)

注：***、**、*分别表示在1%、5%、10%的水平上显著。

将先进制造业企业样本数据进行缩短时间窗口处理后，发现网络创新转移无论对先进制造业的技术创新绩效还是市场创新绩效，都在1%的显著水平上正向显著；网络创新吸收对于技术创新绩效在1%的显著水平上显著，而对市场创新绩效在10%的水平上显著，与前述回归结果显著性基本一致。控制变量方面，员工的教育背景对先进制造业创新绩效影响不显著，这可能是由于具有较高教育水平的员工未能完全体现其价值；企业的资产负债率对先进制造业创新绩效影响不显著，其余变量均在5%的水平上显著且显著性方向与表5-5、表5-7基本一致。总体而言，该模型与模型结果是稳健的。

5.1.5.2 滞后变量检验

为了进一步检验研究结论是否真实可靠，在不对基础模型形式进行改变的条件下，通过将被解释变量滞后一期的方法来检验结论的稳健性情况。其回归结果如表5-9所示。

表5-9　　　　　　　　滞后变量的稳健性检验结果

变量	Patent	Share
Ptf	0.2072** (6.1415)	0.0579* (1.9174)
Tos	0.1023*** (3.5821)	0.0617*** (3.4103)
$\ln Gov$	0.9584** (2.5365)	-0.4561* (-1.8246)
$Rdratio$	-0.1232*** (-3.4104)	-0.0628* (-1.9295)
$\ln Size$	0.2272*** (3.6110)	0.7259*** (7.9120)
Edu	-0.0386 (-0.9601)	-0.0281 (-0.5593)
$\ln Rd$	0.8054*** (16.0025)	0.0867 (1.2711)
$\ln Cf$	0.3370*** (3.9774)	0.1823*** (3.3836)

续表

变量	Patent	Share
Lev	0.0107 (0.3462)	0.0151 (0.4882)
常数项	0.0994** (2.5327)	0.0281 (0.5067)

注：***、**、*分别表示在1%、5%、10%的水平上显著。

将先进制造业创新绩效的衡量指标滞后一期后，发现网络创新转移无论对技术创新绩效还是市场创新绩效的影响都在1%的显著水平上显著；网络创新吸收对于技术创新绩效的正向促进作用在5%的显著水平上显著，对于市场创新绩效的正向促进作用在10%的显著水平上显著，与前述回归结果显著性基本一致。控制变量方面，除员工的教育背景对先进制造业企业技术创新绩效与市场创新绩效的影响不显著外，其余变量的回归结果与表5-5、表5-7基本一致。总体而言，该模型与模型结果是稳健的。

5.2 异质性分析

相较于世界其他国家，中国先进制造业企业呈现出国有化程度较高、政府扶持力度大等特点。因此，本书在技术创新绩效和市场创新绩效的回归基础上，进一步探究在所有权不同时，创新网络合作对于先进制造业企业创新绩效的影响。具体而言，将先进制造业企业划分为国有企业、非国有企业两种类型，分析创新网络中的创新吸收和网络创新转移对创新绩效的影响是否存在差异。其回归结果如表5-10所示。

表 5-10　　　　　　　　分所有权异质性检验结果

变量	非国有 (Patent)	国有 (Patent)	非国有 (Share)	国有 (Share)
Ptf	0.1415*** (2.9129)	-0.0598 (-0.7621)	0.0263* (0.8286)	0.0691 (1.4135)
Tos	0.1520*** (4.5473)	0.0856* (1.9463)	0.0331 (1.5124)	0.0524* (1.9036)
$lnGov$	14.8866** (2.3771)	1.1752** (2.4057)	-4.3956 (-1.0723)	-0.7581** (-2.4776)
$Rdratio$	0.0000 (0.0009)	-0.1834*** (-2.6318)	-0.0549 (-1.5934)	0.0069 (0.1612)
$lnSize$	0.8364*** (6.2416)	0.4387** (2.1503)	0.4507*** (5.1381)	0.9296*** (7.4871)
Edu	-0.1110 (-1.3983)	0.4583*** (4.0676)	-0.0037 (-0.0721)	-0.1223* (-1.7549)
$lnRd$	0.8580*** (8.0443)	0.4212*** (3.1229)	-0.0316 (-0.4528)	-0.1398* (-1.6584)
$lnCf$	0.6007*** (4.3351)	0.2424** (2.0558)	0.3951*** (4.3560)	0.1558** (2.1097)
Lev	-0.0261 (-0.5973)	0.2315** (2.4996)	0.0369 (1.2898)	0.0833 (1.5356)
常数项	0.5148** (2.4792)	-0.2306** (-2.2621)	-0.2249* (-1.6545)	-0.0130 (-0.2058)

注：***、**、*分别表示在1%、5%、10%的水平上显著。

从表5-10中可以看到，对于非国有性质企业来说，网络创新吸收和网络创新转移对技术创新绩效的影响系数分别为0.1415与0.1520，且均在1%的水平上正向显著。对于国有性质企业来说，网络创新转移分别对技术创新绩效和市场创新绩效有正向显著影响，并通过10%水平上的显著性检验。在非国有企业中，网络创新转移对于市场创新绩效的影响并不显著，网络创新吸收对市场创新绩效有着10%显著水平上的促进作用。与之相对的是，在国有企业中，网络创新转移对市场创新绩效的影响通过了10%水平上的显著性检验，而网络创新吸收的影响并不显著。

对此本书给出如下解释。一方面，创新行为本身具有一定风险性、不确定性，先进制造业的网络创新转移活动往往涉及较多无形资产与知识产权，国有企业具有国有资本背景与政府机关背书，与其他创新主体合作时更容易获取信任。基于上述情况，相较于非国有企业，国有企业进行网络创新转移更为容易，因此对创新绩效的影响也更为明显。另一方面，国有的先进制造业企业在选择自身的供应商网络方面遵守更为严格的程序和规定，网络创新吸收难以通过比较与选择实现最优效果，这在一定程度上会抑制企业创新绩效的提高。

非国有企业相较于国有企业，主体间合作关系更为灵活，可以根据自身的创新需求充分进行比较选择，充分吸收来自子级网络的创新成果。而由于缺少国有企业的国有资本背景与政府机关背书，非国有企业的网络创新转移需要建立在主体充分合作的基础上，虽可以帮助企业建立技术优势，显著促进企业的技术创新绩效提升，但尚不足以给企业带来市场份额上的竞争优势。

5.3 研究结论和政策建议

5.3.1 研究结论

本书选取了中国先进制造业上市公司2011~2021年的相关数据，构建了两个检验创新网络合作对于产业创新绩效影响的理论模型，分别比较了网络创新吸收与网络创新转移这两种效应对于中国先进制造业企业技术创新绩效与市场创新绩效的影响差异，并进一步讨论了不同的企业性质所带来的影响差异，得出以下结论。

（1）中国先进制造业创新网络合作可显著提升先进制造业企业的技术创新绩效。其中，网络创新吸收对于先进制造业企业技术创新绩效的影响最为显著，网络创新转移的影响则相对偏弱。一方面，中国先进制造业企业的网络创新吸收优势更为明显，由于先进制造业的行业领域高度细分、技术分工程度高等特性，企业从自身供应商企业进行网络创新吸收，可以避免重复研发，节约降低自身创新成本，同时可以将吸收的创新资源投入到技术研发中，提升产品效能。另一方面，网络创新转移对企业来说通常更为主动，企业可以将自身生产研发中遇到的技术难点以及创新关键资源，有针对性地搜寻相关技术，与其他创新主体进行网络创新转移，从而直接帮助企业克服创新过程中的技术缺失等问题，有效完成技术创新攻关。这一结果在缩短样本时间窗口后依旧稳健。

（2）中国先进制造业创新网络合作可显著提升先进制造业企业的市场创新绩效。网络创新吸收与网络创新转移均与市场创新绩效呈正相关影响，其中，网络创新转移对先进制造业企业的市场创新绩效提升的促进作用较为明显。企业在进行网络创新转移的过程中，可以在一定程度上帮助企业消除信息差，更准确地把握技术创新的方向和技术阈值，通过转移过程中的信息交互和知识共享，降低与其他创新主体的不对称，帮助创新主体甄别选择技术研发项目，有效研判科学合理的创新研发决策，从而提升产品的性能和品质，进一步增强企业在市场上的知名度、认可度和品牌价值，在成本、品质和产品效能等方面实现全面提升，进而赢得市场份额的竞争优势。这一结果在缩短样本时间窗口后依旧稳健。

（3）先进制造业企业的所有权性质不同，使得创新网络合作对于创新绩效的影响有所差异。针对国有企业，网络创新转移对于技术创新绩效与市场创新绩效的影响都较显著，而网络创新吸收的影响并不显著。与之相比，针对非国有企业，网络创新转移与网络创新吸收对技术创新绩效的影响均通过了1%水平上的显著性检验，对市场创新绩效的影响却并不同时显著。国有企业相对非国有企业，在选择自身的供应商网络方面需要考虑更多因素，同时也需要遵守更为严格的程序和规定，在合作主体的选择上更为固定，网络创新吸收难以通过比较选择实现效果最大化，也就难以影响到创新绩效的变化。非国有企业相较于国有企业，主体间合作关系更为灵活，可以根据需求充分吸收子级网络的创新成果，而由于缺少国有企业的国有资本背景与政府机关背书，在进行技术外购等网络创新转移活动时会更为谨慎。

5.3.2 政策建议

5.3.2.1 政府层面

（1）针对性扶持，营造良好创新网络合作软环境。政府对先进制造业的创新网络合作应继续提供必要扶持，但应把握好作用边界。政府在促进经济发展、推动产业升级和技术创新等方面扮演着重要的角色。政府需要权衡好直接补贴扶持与间接制度建设的适度性，以更好地发挥政府作用。企业进行创新研发、技术外购或是引进先进制造领域高级人才都需要较大的资金投入，并且从创新研发投入到产生理想的创新绩效也受到诸多因素的影响，例如技术开发本身的高投入、高风险、初期回报率低、回报周期长、适配不确定性等，即使是大型企业也难以独自承担风险和成本，同时也无法保证在后续的创新研发中有持续充足的现金流。因此，政府应该采取适当的政策，例如，通过提供财政补贴、建立产业投资基金等方式进行支持，促进企业在创新合作与技术研发上的发展。然而过度的财政资助可能会造成企业的自研支出被政府补贴挤出，致使企业缺乏自主创新能力，甚至出现不正当竞争行为等问题。政府需注意资助的适度性，避免企业过度依赖政府资助而忽略自身发展能力的提升，建立完善相关产业扶持政策，有针对性扶持集成电路、无线通信、航空航天、精密仪器等基础性、突破性技术的创新合作投资。除了直接扶持，政府还应当着手营造良好的创新网络合作软环境，建立创新合作平台，加强知识产权保护。先进制造业企业有着高技术性、高专业性的特点，政府可以建立创新合作基地和孵化器，为企业提供研发场所、人才资源和资金支持等服务。同时，政府应加强知识产权保护，有效防范盗版和侵权行为，维护企业的合法权益。

（2）强化"核心企业"的带头作用与激励效果。在当前全球经济发展不断加速的背景下，先进制造业已经成为引领中国制造业发展的"领头军"。然而在先进制造业内部，仍存在"核心企业"带头作用不足，创新合作不够充分的情况。因此，政府应该进一步强化先进制造业"核心企业"的引领带头作用及激励作用，以推动中国先进制造业的稳定发展。核心企业是指在某个行业或领域中处于领先地位的企业，其具有较强的创新能力、技术水平和市场竞争力，可以带动整个产业的发展和升级。针对领先优势较为突出的产业，例如，医药制造业等，政府应该重点扶持产业内具有核心技术的企业，并协助其在重大技术、重点产品以及关键领域方面实现全新突破，提升产业的核心专利优势。针对电子及通信设备制造等具有潜在发展优势的先进制造业，政府应从多方面提供支持，例如，制定配套的税收政策、优惠金融服务、开展创新人才培训、设立技术合作共享平台以及促进创新项目投资等。此外，政府还可以鼓励"核心企业"与科研院所、高校等单位合作，共同攻克技术难关，并通过合理配置资本等方式支持企业的快速发展。以一批优秀的"行业领头企业"，为先进制造业的发展树立典范，并起到模范引领作用。

（3）因地制宜，因产施策，协调发挥产业优势。先进制造业涉及范围广，包含多领域、多产业，且不同地区之间的先进制造业产业基础与发展情况存在区域性差异。因而各地政府应充分认识当地产业基础条件，发挥地域产业优势，紧跟产业前沿发展方向以及市场关注的创新领域，提升对企业工艺流程升级、基础技术研究及创新转化的引导效果，加强对核心技术研发以及关键人才引育上的投入支持力度。中国珠三角地区、长三角地区作为经济基础较好、先进制造业集群丰富的地区，在产业创新氛围、基础设施条件、专业人才等方面都有较强优势，因此先进制造产业发展水平较高，先进制造产业链和产业集群也更加完备，但同时也存在资源分配不均衡、生产要素价格高等问题，因此政府应适度调整、因产施策，着力推动先进制造企业、科研机构以及配套服务产业的集聚，积极串联产业上下游，发挥规模效应，带动周边区域的产业集群发展，降低先进制造业企业的创新成本；针对西部地区和中部地区，政府应根据已有的优势产业，例如，武汉光电子信息、成渝电子信息先进制造等产业，加大基础设施建设，加强产业的集聚规模，扩大优势。此外，应结合本地区的资源基础、地理位置布局等地缘因素，选择具体产业优先布局，吸引先进制造业企业的加入，促进本地区先进制造业的创新发展。

（4）激发非国有企业技术创新活力，提升网络创新绩效。非国有企业已经成为中国市场化改革开放政策取得成功的重要组成部分，也是国家经济社会发展的重要力量。然而，由于受到诸多制度、政策以及资源等方面的限制，非国有企业在技术合作创新方面相对较弱，导致其在市场竞争中处于不利地位。因此，激发先进制造业非国有企业的技术创新活力十分重要。针对非国有企业中网络创新转移对企业市场创新绩效的影响并不显著的情况，政府可以出台相关政策鼓励非国有企业积极参与政府组织的各类科技项目和计划，与高校、研究所以及其他创新主体进行深入合作，加大对非国有企业网络创新转移的支持力度。此外，政府可以完善对先进制造业非国有企业技术合作创新的指导作用，制定优化在技术研发投入与创新成果产出等合作领域的政策优惠，引导企业充分利用其他创新主体的合作技术优势，为非国有企业在主体间技术创新合作过程中提供相应的资质保证，保障非国有企业的创新成果得到充分的尊重和回报。

5.3.2.2 企业层面

（1）优化创新网络结构与创新吸收转移能力。先进制造业的核心竞争力在于高度自主创新能力、先进技术和先进管理经验。针对当前的市场环境和激烈的竞争态势，企业通常面临"不进则退"的难题，必须不断提升自身的竞争力和发展速度，创新研发力度以及技术革新的成效决定了企业的发展前景。随着技术分工和行业细化的加深，与其他创新主体的合作成为关键。一方面，先进制造企业应充分利用合作优势，加大与高校、研究所及其他企业的创新研发合作，建立开放的协作精神，通过技术外购、外部研发等方式丰富创新资源，增强自身创新资源整合能力，将网络创新转移效果最大化；另一方面，充分利用创新网络合作传导机制，反馈企业的创新需求，与企业的母级网络与子级网络建立完备的合作关系，通过"双向择优"提升创新网络合作的创新吸收转移水平，实现创新降本增效。

（2）合理配置创新资源，满足与时俱进的创新需求。企业应根据不同阶段的生产和研发需求，合理配置生产研发各阶段的人力资源与物质资源，以提高技术创新效率。加大创新研发过程中的资金投入力度，优化企业软、硬件基础设施，激发创新人才的创造力与动力，推动技术革新与创新绩效提升。平衡不同阶段人力和物质资本的投入对技术进步和资源配置效率的影响。建立有效的评估监管体系，定期对创新资源的配置情况进行评估和调整，遏制投机性立项与有针对性的寻租活动。只有不断地优化创新资源配置和管理，才能实现创新效率的持续提升和企业的可持续发展。

（3）发力先进制造重点场景，长远布局创新蓝图。激励先进制造业坚持创新发展战略，通过技术合作和产业集聚提高整体创新绩效。先进制造业企业应加强与其他创新主体和稀缺人才之间的技术合作，在自主研发不断取得成效、自主可控能力逐渐增强的同时，注重拓展具有巨大未来前景的领域，例如人工智能、半导体材料、智能办公等。此外，在技术薄弱、瓶颈环节等方面需要有针对性地加强技术合作。采取更加开放的眼光制定公司发展战略规划，以国内国际双循环为导向，在技术研发或工艺流程改进中提高产品的全球化程度。同时，可以利用"一带一路"等机遇扩大先进制造业创新合作的地域范围，进一步推动产品走出国门，提高全球市场占有率，并结合自身产品优势加速国际化步伐。

（4）建立行之有效的创新激励机制，充分激发异质性人才的创新动力和潜能。技术开发和工艺创新的最重要因素在于兼备技术实力和应用创意的人才。在创新网络合作过程中，企业应不断完善自身的管理体制机制，参照国际通行惯例，根据员工不同层次的心理需求，制定有针对性的激励政策，如股权激励、员工持股计划、利润分享等激励方式，调动企业管理层和员工的积极性，鼓励员工发现市场需求和企业产品缺陷，推动现有技术升级和新产品开发，提高企业创新产品的通用性、易用性和功能，努力适应市场化客户需求。

| 第 6 章 |

产业模块化创新的产业组织绩效（一）

本章以新能源汽车产业为例，明确了模块化创新的内涵，基于模块化理论、创新理论和主流产业组织理论，探讨了模块化分工创新和模块化协同创新对产业组织绩效的影响机理，提出了相应的研究假设，并对新能源汽车产业发展及模块化创新现状做了分析。

6.1 引　　言

在党的二十大报告提出积极稳妥推进碳达峰、碳中和远景目标与中国经济社会发展面临百年未有之大变局的双重背景下，创新驱动新兴产业发展并创造新的经济增长点不仅是突破发达国家技术封锁、建设创新型国家的内在要求,更是中国特色社会主义现代化建设的必由之路。汽车产业是最早实践模块化的产业之一,新能源汽车产业同样具有模块化的属性。其高质量发展需要企业基于模块化创新理论,把创新作为拉动企业全要素生产率与利润率提升的重要手段,建立全面统筹的协同创新平台,为企业创新提供可靠的理论依据与制度保障,实现"分工创新"和"协同创新"的双驱动作用。

新能源汽车产业可视为中国与西方国家同时起步发展的产业之一。新能源汽车以传统汽车的空调、转向、制动等"小三电"为基础,拓展为电动动力总成系统的电池、电控、电机等"新三电"。从这三个主要模块来看,中国新能源汽车产业发展迅速,储电、控电及电力驱动等模块的核心技术均与发达国家差距不大。同时,财政部、科技部、工信部、发改委等四部门连续下发关于新能源汽车销售的财政补贴政策与产业研发创新的激励政策,在相关政策的刺激下,近几年中国市场销售占比远超其他国家。

新能源汽车生产组织链条模块化特征明显,由传统"小三电"发展而来的电池、电控、电机等"新三电"三个核心模块成本占整车成本的60%以上,整个新能源汽车正在由垂直型产业价值链向模块化、多链式产业价值链转变。新能源汽车模块化分工相较于传统燃油车更为细致,模块化程度更高,零部件供应商拥有相对较大的话语权,因而产业利润整体偏向模块供应商所处的价值链上游附近。这使得相较于传统整车厂商,作为单独模块供应商的新能源汽车零部件供应商可以享受更大的规模效应,建立更完备的创新网络平台,从而有实力承担更大的创新风险。

但是,中国新能源汽车产业发展已进入后补贴时代,补贴政策的退坡、双积分政策的实施以及来自以特斯拉为首的国外企业竞争等因素使得中国新能源汽车厂商不得不直面激烈竞争,由此新能源汽车续航里程虚标、产业配套设施不完备、安全性较差等问题开始显现。同时,中国新能源汽车产业还存在后产业链不丰富、过度依赖财政补贴政策、产业链上端技术创新辐射能力弱、"新三电"等零部件供应商整体利润下滑等问题。从中长期来看，模块供应商为应对以上问题还应继续深化模块化分工，改进模块间接口种类，使模块组合结构更加合理；同时，应建立并拓展模块间、厂商间的协同创新网络，加速核心模块标准化与平价化，促使市场竞争淘汰落后模块，加速整车产品迭代更新效率。

综上所述，本书以新能源汽车产业为研究基础，以模块化为主要抓手，探究模块供应商和整车厂商的模块化分工创新行为与模块化协同创新行为对企业内部绩效改善的驱动路径，寻找各独立模块在模块化创新网络中的突破点，助力新能源汽车厂商破解发展难题，促进新能源汽车产业组织绩效提升。

6.2 新能源汽车模块化创新对产业组织绩效影响的理论分析

6.2.1 相关概念的内涵

6.2.1.1 模块化创新

模块化创新是指通过将产品或服务拆分为独立的模块，实现并行创新的过程。模块化创新可以发生在多个层面，包括产品设计、制造过程、供应链管理等，因其在帮助企业快速地适应市场变化和特异化客户需求等方面的优势，模块化创新已被视为企业竞争的重要策略之一。

模块化创新的应用范围主要包含以下几方面：一是产品模块化创新，即将汽车的发动机、变速器、底盘和车身等视作独立的模块，每个模块都可以独立设计、生产、销售和升级，减少产品研发周期和成本的同时提高新能源汽车的可靠性；二是服务模块化创新，即可提高服务的可定制性和灵活性，减少服务提供商的经营成本和创新风险；三是技术模块化创新，即可打通不同模块间的技术壁垒，增强技术创新的扩散效应，同时提高创新主体的抗风险能力。

从产业模块化的角度，本书所指的模块化创新主要是由模块化过程中的模块化分工与模块化协同所引致的技术创新，故研究重点在于新能源汽车整车厂商以及零部件供应商因新能源汽车产品的高度模块化分工与协同而激发的模块化技术创新。

6.2.1.2 新能源汽车产业

新能源汽车产业是指在技术、产业、政策等方面以新能源汽车为核心，以推进新能源汽车技术研发、生产制造、市场推广和应用为主要目标的产业。它涵盖了新能源汽车的全产业链，包括新能源汽车核心零部件的研发、生产和销售，以及新能源汽车的整车生产、销售和售后服务等方面。具体而言，中国新能源汽车产业包括以下几个方面：一是新能源汽车核心零部件产业，包括电池、电机、电控、电子器件等核心零部件的研发、生产和销售；二是新能源汽车整车生产产业，包括新能源汽车整车的设计、研发、生产、销售和售后服务等方面；三是新能源汽车充电设施产业，包括充电设备的研发、生产和销售，以及充电站的建设和运营等方面；四是新能源汽车应用与推广产业，包括新能源汽车的市场推广、政策支持、用户服务和应用场景等方面；五是新能源汽车相关技术和服务产业，包括新能源汽车的智能化技术、车联网服务、保险和金融服务等方面。

综上所述，本书所定义的新能源汽车产业是指由新能源汽车整车制造企业和模块供应商组成的，以设计、生产、组装、销售纯电动力与插电式混合动力为主的新型战略产业（如图6-1所示）。它涉及新能源汽车的各个制造环节，其内部模块化程度最高、创新活动最活跃且与产业组织关联最密切，最能分析出模块化创新对新能源汽车产业创新绩效的影响。

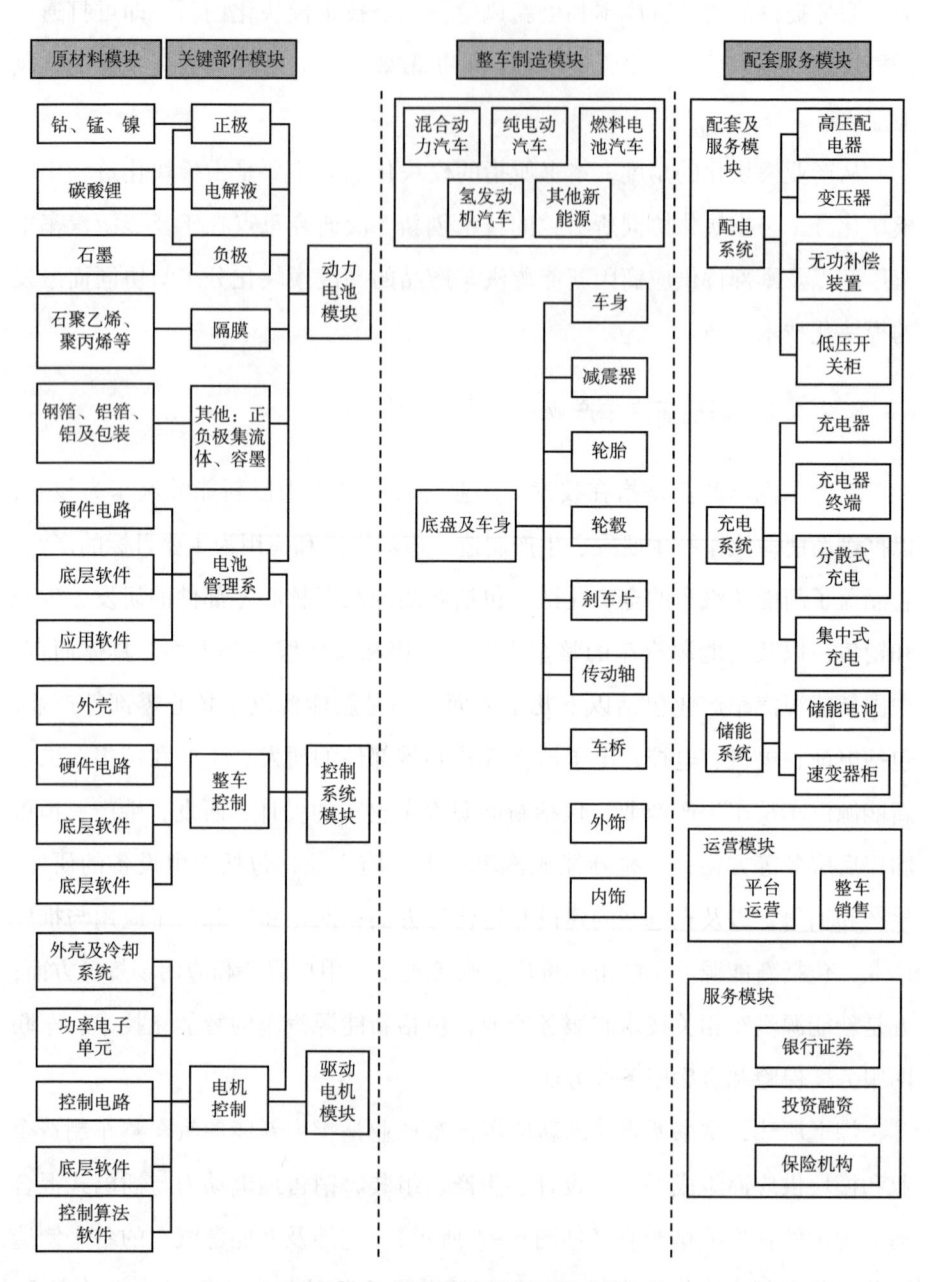

图 6-1 新能源汽车模块化分解

6.2.1.3 产业组织绩效

产业组织绩效是指某产业中企业或市场的效率、创新、竞争和效益等方面的表现。根据主流产业经济学的观点，产业组织绩效主要由以下几个方面展现：一是规模结构效率。效率是指企业在生产过程中所使用的资源与其所产生的产品或服务之间的比率。在产业组织绩效中，效率主要表现为企业生产过程中所使用的成本和时间等资源，与其所产生的产品或服务的质量和数量之间的关系。二是创新与技术进步率。创新是指企业在产品、工艺、管理、市场等方面不断推陈出新，不断提高自己的竞争力。在产业组织绩效中，创新主要表现为企业推出新产品或服务，采用新技术或管理方法，开发新市场等方面。三是竞争力。竞争是指企业在市场中与其他企业争夺资源、市场份额、利润等方面的表现。在产业组织绩效中，竞争主要表现为企业之间的价格、质量、服务等方面的竞争优势。四是效益。效益是指企业在经营过程中所获得的收益，包括利润、投资回报率、市场份额等方面的表现。在产业组织绩效中，效益主要表现为企业所获得的利润和投资回报率。

基于主流产业组织理论，本书主要探究新能源汽车模块化创新所引起的模块供应商和整车制造商所处的产业链价值链延长，能够更好地满足市场特异化定制需求以在激烈的市场竞争中夺得主动权，最终实现企业市场份额、市场地位与利润的提升。故本书提到的产业组织绩效主要是由于市场及企业绩效的整体提升而引起的产业整体绩效的提升。

6.2.2 基础理论

6.2.2.1 模块化理论

模块化是指产品或服务可以分成更小的单元或模块，每个单元或模块执行特定的功能并组装成更大的系统或产品。新能源汽车模块化可以使得模块供应商专注于特定模块，整车供应商重新组合模块来创建新产品进而提高产品灵活性和促进创新。

与传统的产品设计相比，模块化设计有几个优势。首先，模块的专业化和标准化可以提高效率从而降低成本。通过专注于特定模块，模块供应商可以生产大量类似模块并分担设计、生产和分销成本来享受规模经济效应。其次，模块化可以增加产品和服务的灵活性和适应性。由于模块接口丰富，因此企业可以轻松修改或替换模块以创建新产品或服务，而无须重新设计整个系统，使其能够快速响应客户定制化需求、市场条件或技术发展的变化。最后，模块化可以通过更细致的分工来刺激创新。通过专注于开发新模块或改进现有模块，企业可以降低全面转型投资的风险。此外，模块化还可以促进企业、研究人员和客户之间的协同和知识共享，从而创造新知识和技术突破。

6.2.2.2 创新理论

以熊彼特（Schumpeter）为代表的创新学派认为，创新是推动社会进步的重要力量。熊彼特作为这一学派的鼻祖，从创新角度阐述了一个经济体发展的根本驱动力及相关机制。他特别强调了"颠覆性"创新对经济社会发展的作用。这种创新能够打破沿袭已久的循环模式，从而推动经济达到新的静态均衡状态，尤其在生产要素的投入趋近饱和后，只有依靠创新才能推动全要素生产率的增长。长期以来，经济学家普遍认为，市场绩效的提升主要源自技术进步和溢出效应，而这些效应都是由创新所引致的。

在20世纪80年代后，新熊彼特理论者们对创新理论进行了一定的调整和补充：虽然技术创新仍然是经济增长的主要动力，但并不是唯一的动力源；创新活动也不只是企业家的专属领域，公共部门、金融部门和产业界的相互作用和共同发展同样会推动技术创新。因此，除了强调企业内部的专有技术知识积累过程外，他们还格外强调了外部环境中个人和组织在企业层面的技术创新中的作用。这种联系形成了各主体间紧密的学习创新网络，促进技术水平的提高。基于此，尼尔森和温特（Nelson and Winter, 1982）从动态的角度探讨了制度环境和技术进步之间的关系，并提出了制度与技术共同演化的原则。

新熊彼特理论对本书的研究有两个重要启示。第一，创新推动发展的效果不仅取决于企业个体行为，还与行业氛围、创新网络构建情况、市场制度环境等外部因素密切相关。第二，产业组织绩效提升的影响因素并不仅取决于企业创新的直接影响，外部环境因素的影响也是至关重要的。

6.2.2.3 主流产业组织理论

产业组织理论（IO）研究企业和市场的结构和行为，以及它们对价格、产出和福利等绩效的影响。产业组织理论假设消费者是理性的，企业在市场需求和生产成本等约束条件下追求利润最大化，它们会根据市场条件的变化调整价格和产出水平。市场结构是产业组织理论中的一个关键因素，最基本的市场结构是完全竞争市场，许多小公司销售高度同质化的产品而不具备影响价格的市场力量。在完全竞争市场中，企业是价格接受者并在给定的市场价格基础上相应地调整其产出水平。在寡头垄断市场中，因创新带来的产品差异化及其他因素的影响，公司可以制定高于边际成本的价格，并获得比在完全竞争市场中更高的利润。

产业组织理论将创新纳入了对市场绩效的影响机理。创新可以带来新产品和新工艺，从而增加消费者福利并刺激产业组织绩效提升。但创新带来的技术壁垒也可能导致新的垄断或寡头垄断出现，从而减少竞争并损害消费者福利。创新对市场绩效的影响取决于现有企业的市场支配力程度、创新的性质以及新企业进入市场的能力。例如，在一个具有强大专利保护和高进入壁垒的市场中，新创新的出现可能仅限于少数拥有专利的公司，导致价格上涨和消费者福利降低；然而，在专利保护薄弱、进入壁垒低的市场中，创新的出现可能颠覆现有利润分配体系，从而提升市场绩效。

6.2.3 新能源汽车模块化创新对产业组织绩效的影响机理

6.2.3.1 新能源汽车模块化创新的基本原理

鲍德温（Baldwin，2000）指出，模块化意味着厂商对现有产品进行解构升级，由此带来的更加细致化的分工与合作。一方面，模块化分工可以显著降低不同模块间专利、智力依赖度，模块的单独改进无须和其他参与模块协调，最终可提升设计、开发、改进全流程信息处理效率；同时，模块化分工可以降低不同模块供应个体之间的关联程度，不仅实现劳动分工，更可实现知识与创造性等智力分工（杨丽，2008）；另一方面，模块化协同可以完善模块间的竞合关系，降低模块间因技术壁垒而导致的无谓损失，其带来的信息反馈可以在更大程度上加速整车制造厂商对设计规则规范的修正过程。

图6-2展示了在模块化的规则下，新能源汽车整车厂商间展开设计规则与标准的竞争，同时各关键子模块间（包括新能源动力总线控制系统模块供应商、电机及其控制系统模块供应商、电池及其管理系统模块供应商和传统零部件模块供应商）展开并行研发竞赛。一方面，二者适配多维度复杂产品系统性开发的要求，相同功能模块实行并行研发以应对未来可能性风险；另一方面，竞争成功的新能源整车企业能够获得市场的全部期权价值，竞争成功的关键子模块可嵌入新能源整车企业供应链中，通过系统集成的方式为双方构建稳定的创新联盟与整车系统集成标准、新能源专业功能标准的标准联盟。在满足整车企业技术标准的前提下，关键子模块、通用模块的供应商可同时选择分工创新研发与协同创新研发。此外，大量的交叉研发投入带动市场绩效提升可吸引外部资本进入以完善相关产业配套服务，如金融服务、售后、充电桩等。

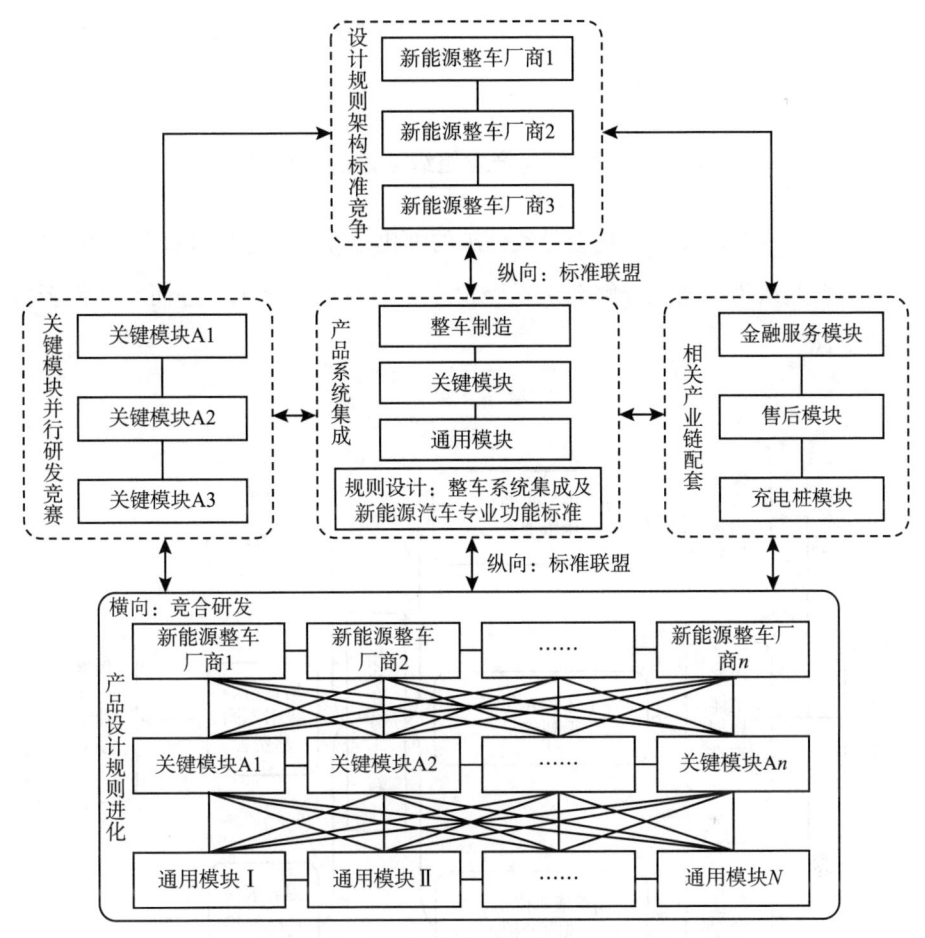

图 6-2 新能源汽车模块化分工与协同

在模块化技术创新过程中，相关关键模块间竞合技术研发可对整车厂商产业技术标准进行信息反馈，整车企业根据反馈信息对原有技术标准进行修正或改进。通过模块化分工与协同的模式，产业链不仅能够实现通过专业化分工降低边际成本，还能够降低系统协调成本。更为重要的是，通过模块化分工，有利于提升整条产业链的技术创新效率。类似地，其他通用模块供应商也能反馈产业相关信息，整个网络产业链上的模块都可以根据自身情况进行技术创新，并建立创新成果与创新信息向上下级模块或整车生产商实时反馈机制，促使整车厂商、关键模块供应商和通用模块供应商中的胜出者共同推出最具竞争力的整车新品。

6.2.3.2 模块化分工创新对产业组织绩效的影响机理

新能源汽车产业模块化会导致分工的细化，即模块化分解（见图6-3）。学者们普遍认为模块化分解会从三个角度影响模块化分工，进而驱动创新行为的实现。

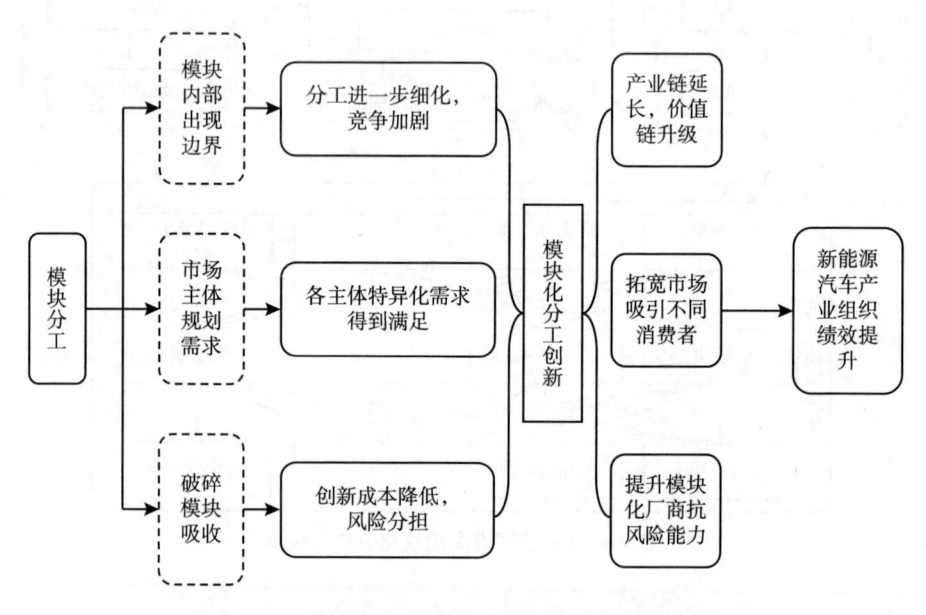

图6-3 模块化分工创新对产业组织绩效影响路径

首先，庞大的市场规模与丰富的模块化产品使得大部分新能源汽车企业无力独自承担全流程生产成本，产品内部开始出现边界，已有模块开始细化分工（见图6-4）。从模块自身来看，新能源汽车底盘、电机、电池等复杂模块的分解主要体现在原材料供应商多元化上。例如，镍、钴、铝、钢以及电池隔膜等生产企业纷纷入局对接电池模块供应商。对电池方案提供商来说，原材料企业入局不仅可降低其原材料采购成本,同时可稳定其供应链以避免单家企业在细分小领域中市场势力过大而颠覆平衡的问题;对于原材料供应模块厂商来说,一方面下游模块商稳定订单可降低其产销风险,使得企业可专注于生产工艺的提升,同时也加剧同类型企业间竞争,倒逼企业创新并延长产业链与价值链,促使结构转型升级。

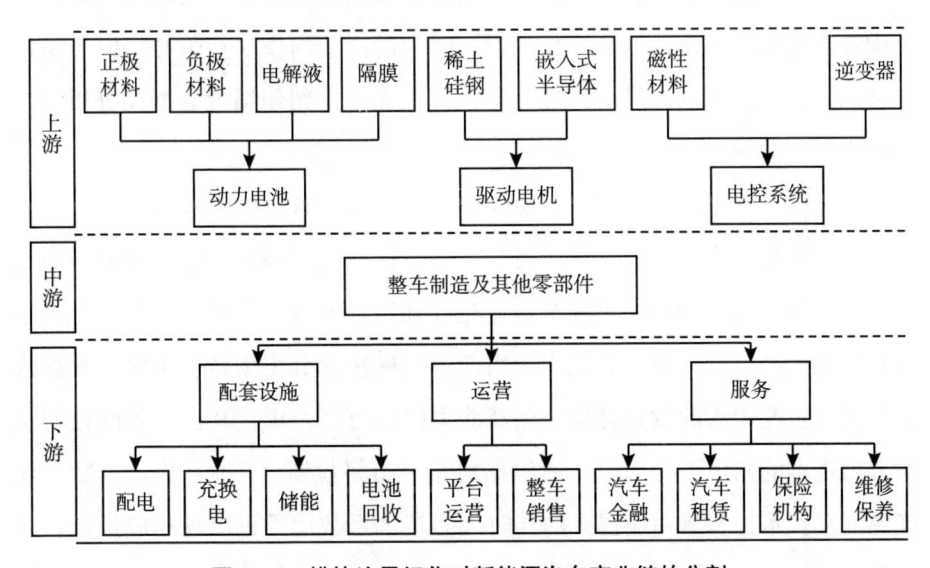

图6-4 模块边界细化对新能源汽车产业链的分割

其次,市场中各类特异性需求可获得满足。中国新能源汽车市场前景广阔,市场中用户主体丰富导致车型跨度广泛,既有家用一级轿车也有公交车、皮卡等大型运输车辆。不同用户主体在市场中寻求特异化需求的满足,在分工不够细致的市场中,企业由于设计、生产成本及董事会对利润追求的压力下将主要精力投入A00级家用轿车以获得最大化期望利润。在市场足够细分后,专业化模块生产商可通过调整自身产业链结构来满足整车制造商特异化需求,挖掘全部生产者剩余,优化社会资源配置向帕累托最优点逼近。

最后,分工必然导致更加激烈的竞争,而竞争失败的模块厂商可在新能源汽车产业实现动态消化吸收。企业竞争失败来源于多元化因素，主要包括企业地理位置、现持有的创新资源、政策趋势等，竞争中优胜者可通过企业全资并购、破产重组及成立子公司等方式吸收其剩余价值，以较低成本接手其现存专利、科研成果及固定资产以提升自身价值链地位，从而达到拓宽创新领域、分担创新成本、增强企业抗风险能力的目的。

虽然模块化分工创新在短期内可能会导致企业重复研发投入与企业间资源配置暂时的低效率，但从中长期看，激烈的产业内模块竞争必将提升整体创新能力，优化创新格局从而提升新能源汽车产业组织绩效。据此分析，本书提出以下假设：

H1：新能源汽车产业模块化分工创新与产业组织绩效呈正相关。

企业全要素生产率是建立在柯布-道格拉斯生产函数上的企业生产率衡量手段，可有效度量新能源汽车企业充分利用资本投资与智力、劳动力水平提升自身生产、创新效率的能力。当产业内模块化分工创新发生时，其细致化分工对企业工人的教育背景、创新能力提出更高要求，其提升程度相较于对人力资本的需求更为明显，故根据柯布-道格拉斯（C-D）生产函数，新能源汽车技术进步率明显提升的同时人力资本系数比重也出现相应提升。在假设中间投入品价格成本稳定的前提下，产业内大量企业全要素生产率的提升最终反映为产业组织绩效的提升，故本书提出以下假设：

H1a：新能源汽车产业模块化分工创新与企业全要素生产率呈正相关。

企业利润率直接反映企业财务状况与发展前景，展示了企业的投资价值与风险状况，可有效度量新能源汽车企业资金流与现金流健康程度，间接反映企业创新意愿与投资能力。当新能源汽车产业内发生模块化分工创新时，分工创新使得企业更专注于自身主营模块的技术迭代更新，模块化使得其技术迭代更新可独立开展而无须考虑其余模块的适配问题。在此双重效应的影响下，专精关键模块供应商可大幅降低模块制造难度及促进规模化生产，从而降低自身成本和提升利润率。产业内大量企业利润率的提升最终反映为产业组织绩效的提升，故本书提出以下假设：

H1b：新能源汽车产业模块化分工创新与企业利润率呈正相关。

6.2.3.3 模块化协同创新对产业组织绩效的影响机理

新能源汽车产业模块化细致分工会加剧行业内竞争，导致部分企业市场势力增强，而这会促使其他同质同类型企业抱团协同建立创新平台以分摊创新成本来抵抗大型企业带来的冲击，即模块化协同创新（见图6-5）。

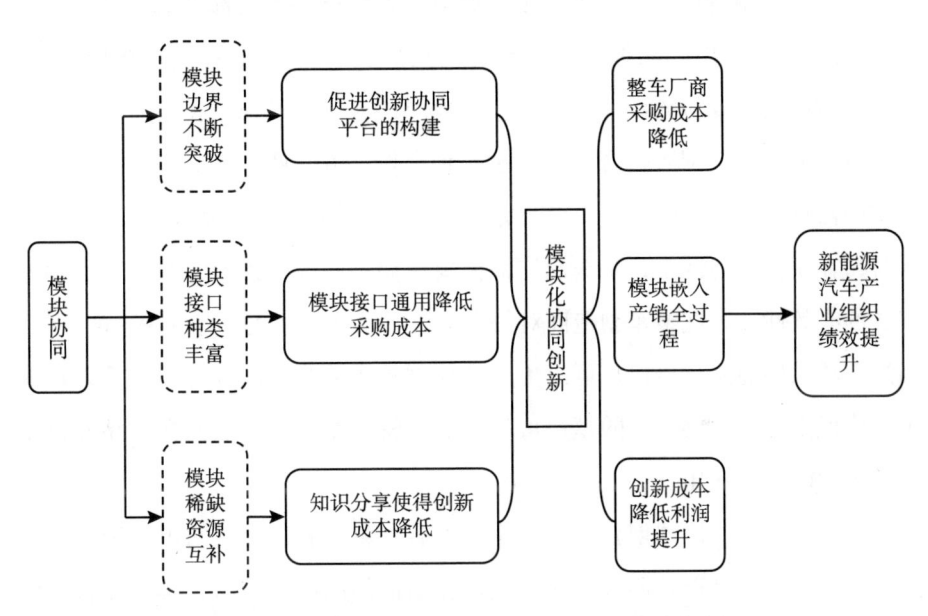

图 6-5 模块化协同创新对产业组织绩效的影响路径

首先，模块边界以接口为标准，符合接口标准就可以协同创新。各模块供应商按照系统设计厂商的接口标准进行并行研发，胜出者可以降低交易成本从而成为新产品供应商，和系统设计厂商协同加快新产品推出、分享价值增值。与此同时，随着模块供应商创新能力的增强和产业价值链上"话语权"的提升，由此带来一定程度模块边界的模糊，进而促使相应模块突破现有边界。模块化协同使得共同任务之间的相互依赖性增加，这种依赖性提升了组织内部协调和沟通的难度，从而降低了效率和质量。但是，这种模糊也为模块之间的协同提供了平台，促进组织内部的创新。由模块化的特征可知，不同模块生产商之间具有相对独立的特点，因此它们可以自主地进行创新和实验，带来新的技术、新的产品从而超越现有的模块边界，进而创造新的模块或将现有的模块合并为更大的模块，带来新的创新点和突破口。

其次，模块化协同创新会丰富模块间及模块与整车制造商间的模块接口。在传统的整车制造模式下，每个供应商只负责生产特定的部件或系统，不同部件之间的接口往往是预定的，难以进行更改和优化。而在模块化协同中，不同的供应商需要协同设计和生产整个模块，这就要求他们在接口设计和协同开发方面进行更深入的合作。通过这种合作，供应商可以更好地理解整个系统的需求和约束，优化接口设计方案并实现更高的模块集成度和可重用性。同时，在模块化协同中，整车制造商需要协调不同模块的设计和生产，确保集成的有效性，因此整车制造商对每个模块的设计和性能会有更深入的了解，通过广泛采用通用化接口，可以更好地控制整车的品质和性能，降低采购成本，确保不同模块供应商的模块可完美嵌入整车系统中，从而在产品开发中发挥更大的主导作用。

最后，模块化协同创新可为模块供应商与整车制造商之间提供稀缺资源互补平台。整车制造商拥有对整车设计和制造的高度掌控力，具备完善的供应链管理和产品质量控制能力，而模块供应商则在特定的技术领域和零部件制造方面具有专业知识和技能。通过模块化协同，整车制造商可以从模块供应商处获得高质量、低成本的零部件和系统，同时也可以将自身的专业知识和技能与模块供应商分享，以提高整车的品质和性能。这种互益性合作要求整车制造商与模块供应商共同承担研发成本和风险，共同推动新技术和新产品的开发，从而实现稀缺资源共享和创新协同，通过提供更灵活和快速的生产和交付方式，提高对市场变化的响应速度和灵活性。综合以上分析，本书提出以下假设：

H2：新能源汽车产业模块化协同创新与产业组织绩效呈正相关。

根据上述机制分析，当新能源汽车产业内部发生模块化协同创新时，相关模块供应商将实现资源互补，加大投资投入力度。在资本市场中体现为资本投入提升，根据柯布－道格拉斯生产函数，模块化协同创新可使新能源汽车产业内技术进步率提升，资本投入增加，使得人均资本更加接近产量最大的一阶导数的均衡点，促进企业全要素生产率提升。若利率与投资水平等外部条件维持不变，大量企业全要素生产率的提升最终会提升产业组织绩效，故本书提出以下假设：

H2a：新能源汽车产业模块化协同创新与企业全要素生产率呈正相关。

新能源汽车产业内部的模块化协同创新可在一定程度上分享稀缺资源的同时，建立协同创新平台可降低独自"背对背"创新的风险。参与模块化协同创新的关键模块供应商可共享知识创新成果，共担创新流程成本，分担创新全程风险，从而以最小的投入获取最大的利润。企业经营状态的改善可反哺模块化分工所需的成本与模块化协同创新所需的资本投入，最终提升整个产业组织绩效，故本书提出以下假设：

H2b：新能源汽车产业模块化协同创新与企业利润率呈正相关。

6.3 新能源汽车产业发展及模块化创新现状

6.3.1 世界范围内新能源产业发展现状

6.3.1.1 主要国家与经济体新能源汽车产业扶持政策

在全球不断加强的碳中和政策背景下，各大经济体都加快了交通领域的零排放或低碳化转型（见表 6-1）。欧盟提高了补贴并且严格限制排放以提升新能源汽车的竞争优势。法国等欧盟国家于 2021 年 7 月提出了名为 "Fit for 55" 的综合计划，旨在通过修订乘用车和轻型商用车排放标准来降低碳排放，2025 年和 2030 年分别将减少 15% 和 55% 的排放量，以应对欧盟坚持到 2035 年禁售燃油新车的计划。美国通过调整战略方向加快碳中和的进程，并提出了 2050 年的碳中和目标。尽管日本电动化转型的步伐相对较慢，但日本国会已通过《全球变暖对策推进法》，力求到 2030 年将碳排放较 2013 年减少 46%，并计划在 2035 年之前禁止销售燃油车，实现 100% 混合动力和电动汽车新车销售。

表 6-1　　全球主要国家对新能源汽车产业的支持政策

国家/地区	电动化时间表	补贴上限	投资计划
欧盟	2035 年新车销售 100% 零排放	—	清洁能源汽车：400 亿~600 亿欧元充电基础设施：投资额增加 1 倍电池创新项目：29 亿欧元
德国	2030 年保有量 1000 万辆	9000 欧元/辆（约 6.75 万元）	电池领域：15 亿欧元 充电基础设施：35 亿欧元
英国	2030 年禁燃（乘用车与货车） 2035 年禁售 PHEV 车型 2030 年乘用车新车碳排放	6000 欧元/辆（约 4.5 万元）	电动化供应链：10 亿英镑 充电基础设施：13 亿英镑
法国	≤95 克/千米；2040 年禁燃（重型车辆）	6000 欧元/辆（约 4.5 万元）	本土供应链 10 亿欧元
瑞典	2030 年禁燃	7000 克朗/辆（约 5.2 万元）	充电基础设施：累计超过 2.7 亿瑞典克朗
西班牙	2030 年保有量 500 万辆	5500 欧元/辆（约 4.1 万元）	锂资源、电池、电动汽车生产：43 亿欧元
美国	2030 年渗透率 50%（乘用车和轻型货车）	7500 美元/辆（约 4.9 万元）	充电基础设施：75 亿美元

续表

国家/地区	电动化时间表	补贴上限	投资计划
日本	2035年新车销售100%电动化（包括混动，乘用车和轻型货车）	80万日元/辆（约4.7万元）	充电基础设施：1000亿日元
韩国	2030年环保汽车保有量785万辆（包括纯电动、混合动力、氢燃料电池）	1000万韩元/辆（约5.9万元）	电池产业：40.6万亿韩元
中国	2025年渗透率20% 2030年交通工具中清洁能源、新能源占比40%	1.8万元/辆	—

资料来源：根据各主要国家政府、工业部门网站披露信息整理。

多个国家将新能源汽车产业视为经济复苏的动力，并增加了对电动汽车的补贴和投资额。自2019年起，欧洲主要国家大幅提高了购车补贴以刺激新能源汽车的需求，同时还重视电动化供应链的本土化建设，德国、法国等9个欧盟成员国成立了电池产业联盟，启动了多个跨国大型电池生产项目。美国政府出台多种利好政策，包括向消费者提供购车补贴，在基础设施方面投资75亿美元以建设全美充电基础设施网络，在政府采购方面推动校车和公交车的电动化等，试图通过强有力的产业目标和投资计划来促进新能源汽车市场的快速发展。

6.3.1.2 全球新能源汽车市场渗透率现状

在欧洲，挪威和荷兰是最早开始发展新能源汽车的国家，而德国、英国和法国则后发追赶并在新能源汽车市场占据了重要地位。尽管德国、英国和法国是欧洲三大汽车生产销售国，但挪威和荷兰是新能源汽车市场渗透率领先的国家。在2018~2022年里，这5个国家的新能源汽车销量市场占比已达到了欧洲总销量的70%~80%。挪威在欧洲是发展新能源汽车最早、最为激进的国家之一，2020年市场渗透率已经突破了60%。自2019年以来，德国、英国、法国等欧洲多个国家大幅提高了购车补贴，2020年这些国家的新能源汽车销量分别达到39万辆、17.5万辆和18.6万辆，共占据欧洲新能源汽车销量市场的55%。根据美国新能源技术媒体Clean Technica数据，2022年欧洲新能源车销量260.2万辆，同比增长14.5%，占整个欧洲汽车市场的28%，增长势头依然强劲。由于各国政府大幅提高了电动车购车补贴，欧洲新能源乘用车的市场渗透率增长非常明显（见图6-6）。2022年，作为欧洲最大的电动汽车市场，德国新能源乘用车市场渗透率已经突破20%；英国和法国的新能源乘用车市场渗透率均已升至16%以上，而挪威的市场渗透率已经接近85%。从技术路线来看，德国、英国和法国的新能源乘用车中纯电动（BEV）、插电式混合动力（PHEV）车型销量占比大致相同，而挪威、荷兰等汽车工业基础较薄弱的国家则以纯电动车型为主（见图6-7）。

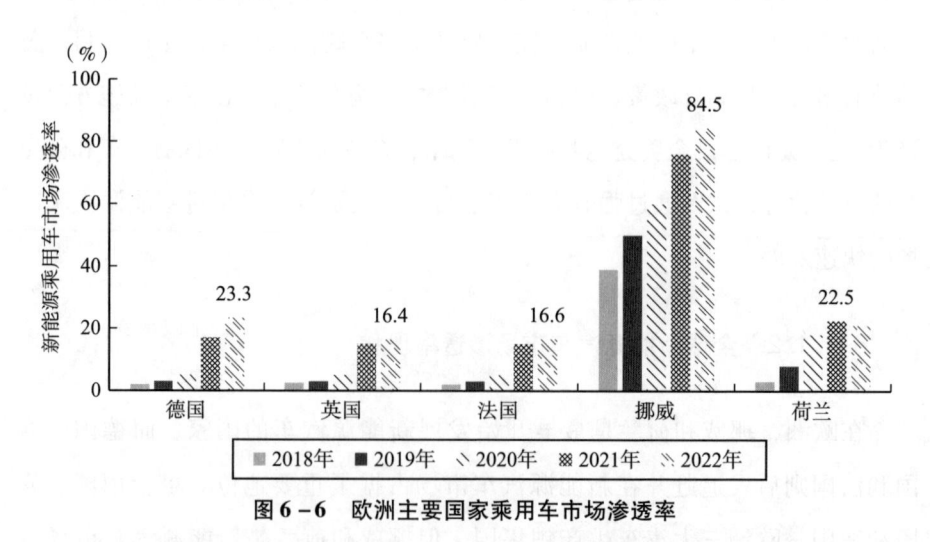

图6-6 欧洲主要国家乘用车市场渗透率

资料来源：根据欧洲经济与社会委员会、欧洲审计院、欧洲投资银行等网站披露整理。

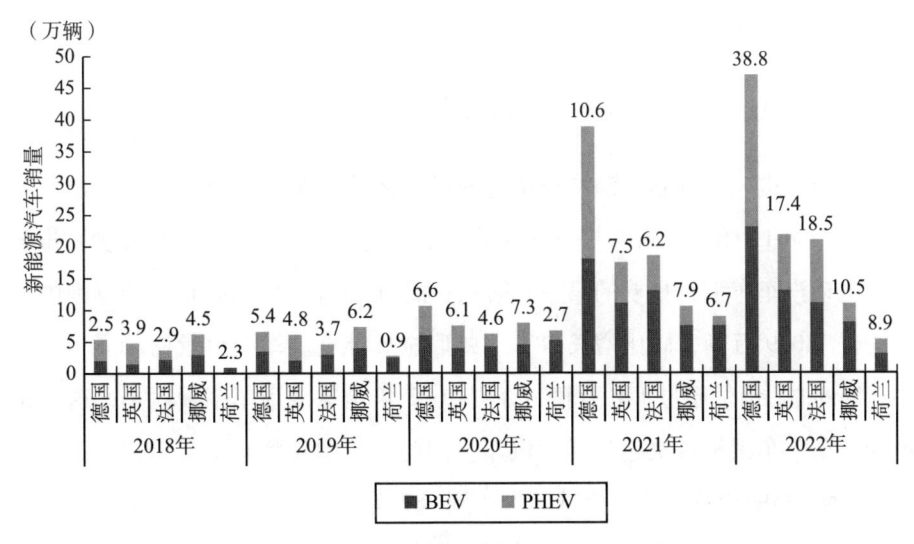

图 6-7 欧洲主要国家新能源汽车销售类型

资料来源：根据欧洲经济与社会委员会、欧洲审计院、欧洲投资银行等网站披露整理。

美国方面，加利福尼亚是早期实施零排放汽车规定的地区之一，这种规定有助于推动电动汽车生产量的增加。根据加利福尼亚的零排放汽车规定，BEV 和燃料电池电动（FCEV）车型是零排放车辆，而 PHEV 则是过渡性零排放车辆。大型和中型整车制造商需要达到一定的积分目标，当其在加利福尼亚的汽车销售量超过 4500 辆时，这一规定才会生效。这些汽车制造商可以通过销售清洁能源技术车型，例如，零排放车辆和过渡性零排放车辆来实现积分目标。此外，他们还可以购买其他汽车制造商的额度来弥补自身的不足。如果这些汽车制造商无法达到积分目标，则需要向加利福尼亚政府缴纳 5000 美元/积分的罚款，以符合健康安全法的规定。加利福尼亚的零排放汽车规定已经在 10 个州实施，这些州的汽车销售量占美国市场的 28%，但新能源汽车的销售份额高达 62%。得益于零排放汽车规定，像特斯拉这样的新兴企业获得了巨大的扶持。自 2010 年以来，特斯拉已通过向其他汽车制造商出售零排放汽车配额获得了超过 40 亿美元的利润，其中在 2020 年仅出售零排放汽车配额就获得了 15.8 亿美元的利润。

6.3.1.3 全球新能源汽车主要企业竞争格局

在企业端，全球新能源汽车市场的竞争格局正在发生变化。2021 年，特斯拉的 Model 3 和 Model Y 在全球销售量分别为 50.1 万辆和 29.9 万辆，排名全球电动汽车车型销量榜的第一和第三；而 2023 年，特斯拉在全球范围内共计交付 180.9 万辆，同比增长 38%，蝉联全球纯电动车交付量榜单冠军，其中，Model Y 销量超过 120 万辆，夺得 2023 年全球乘用车销量冠军，这也是电动汽车单车销量首次超过燃油汽车。同时，中国品牌异军突起，比亚迪延续了 2022 年的榜首态势，全球销量达到 287.7 万辆；在全球车型前二十销量排名中，中国品牌高达 16 款（见图 6-8）。

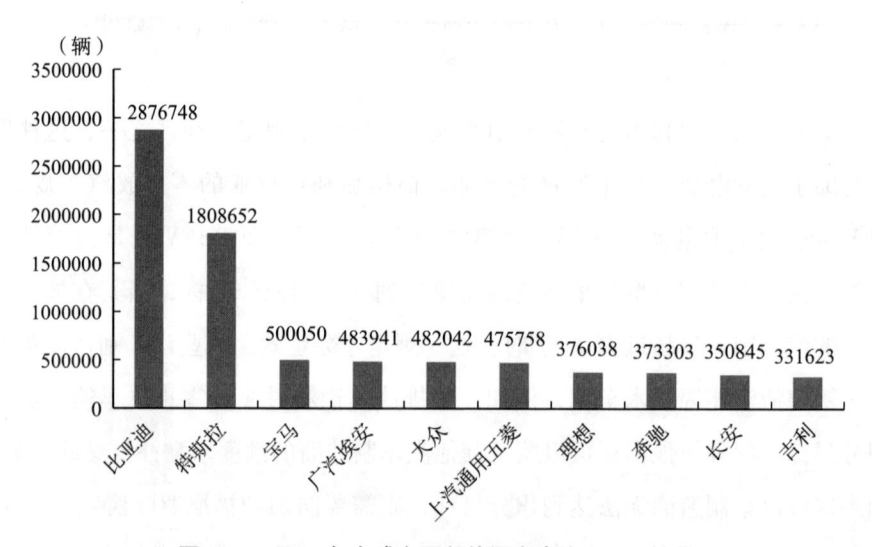

图 6-8 2023 年全球主要新能源汽车企业 EV 销量

资料来源：根据 2023 年特斯拉全球生产及交付报告、乘联会数据披露、SNE Reaserch 数据披露整理。

同时，其他品牌也在加速进入新能源汽车市场。一方面，以理想、小鹏和蔚来为代表的中国造车新势力不断吸取融资，利用资本市场高估值的优势，加快新能源汽车产品布局、产能释放和智能驾驶技术的迭代,提升自身的竞争力。另一方面,通用、福特、大众、现代、日产和宝马等跨国传统车企开始意识到电动化转型的必要性和紧迫性,加速推出电动车型,消费者购买电动车型的选择多样性也在不断提高。

6.3.2 "十四五"期间中国新能源汽车产业发展现状

6.3.2.1 新能源汽车产业发展呈现新态势

2022年中国新能源汽车市场表现强劲(见图6-9),新能源汽车销量达到了700万辆,同比增长96.9%。[①] 这主要得益于旺盛的市场需求和持续增长的销量规模,这将继续推动企业技术攻关和市场产品布局。此外,国家层

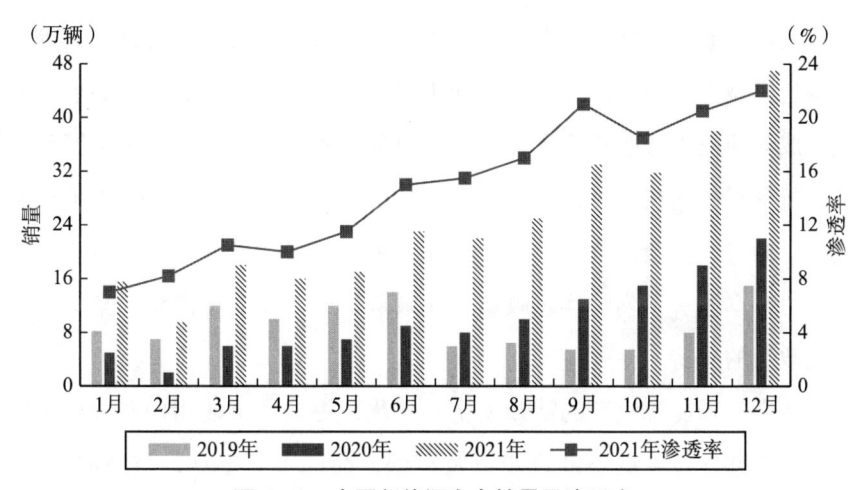

图6-9 中国新能源汽车销量及渗透率

资料来源:根据中国汽车协会官网披露数据整理。

[①] 国家发展和改革委员会,https://www.ndrc.gov.cn/fggz/cyfz/zcyfz/202301/t20230131_1348148_ext.html。

面的规划落地、创新充电服务模式和多样化的企业入局将进一步促进基础设施建设；商业模式创新如换电和电池银行等也将产生实际价值；宏观经济将保持稳定，汽车消费仍将作为国家的主要消费刺激因素，补贴及相关的支持政策将继续落地。

中国新能源汽车发展正逐步从政策依赖阶段转向市场驱动阶段。2021年，新能源乘用车私人消费占比已提升至76%，其中非限购市场与限购市场比例约为2∶1，表明私人市场持续扩大，尤其是在中小城市和农村地区新能源汽车的增长空间还将进一步扩大。为此，工信部等相关政府部门组织了新一轮新能源汽车下乡等推广活动，增加了多个三四线城市。据统计，2022年下乡车型的销量已超过43万辆。宏观调控政策逐渐从购车端向使用端倾斜，新能源汽车的充电条件和通行便利性可望进一步提高。在基础设施方面，已有18个省份发布了充电补贴和规划政策，对建设充电桩给予一次性补贴，并设置运营度电补贴。换电模式应用试点工作已在包括北京、南京、武汉、三亚、重庆、长春、合肥、济南在内的8个城市以及宜宾、唐山、包头等3个重卡特色类城市启动。此外，2021年11月，《电动汽车换电安全要求》开始实施并成为换电模式的首个国家标准。目前，中国已经有100多个城市实行了燃油机动车的路权限制政策，其中包括限制行驶、尾号限制、外地车限制等措施。同时，在全国范围内，新能源乘用车不仅不受限购和限行政策的限制，还可以享受一系列的优惠政策。在限购城市，新能源汽车的指标也会受到优惠政策的支持。

消费者对新能源汽车的认知发生了变化，更加注重使用便利性。由于电池等关键零部件技术的不断进步以及车型产品的不断丰富，与燃油车相比，新能源汽车的综合使用成本大幅降低，已具备一定的成本竞争力，尤其是在小型车领域新能源车型的成本优势更加突出。近些年，消费者在考虑购买新能源汽车时关注的因素发生了较大变化。根据北京交通发展研究院的调查，车辆性能（如续航里程、车辆配置等）和车辆价格在2016年是消费者的前两大关注点，分别占比32%和25%，到2022年已降至17%和16%。充电条件和通行便利性成为当前消费者购买新能源汽车的首要因素，分别占比22%和18%。

6.3.2.2 新能源汽车市场竞争力迅速提升

中国积极应对全球竞争态势的变化，提高产业发展规划目标，以确保巩固现有优势和形成新的优势。作为传统汽车后发者，中国能够引领全球新能源汽车产业发展，主要得益于发展战略目标明确、政策力度更早、国内市场规模巨大等多方面优势，以及由此形成的对全球产业资源的强大吸引力。然而，随着欧美日韩全面发力，全球新能源汽车产业发展正进入竞争更加激烈的"正赛"阶段。涵盖整车销售、关键零部件突破、关键原材料掌控以及生产使用模式创新的全方位竞争已经开启。在全球市场中，各合资及外资企业纷纷在中国布局新能源汽车市场（见表6-2）。

表6-2　　部分跨国传统车企在中国新能源汽车市场的布局

车企	年份	布局
大众	2025	新能源汽车年销量150万辆
		共推出30款新能源车型，占整体车型比例至少35%
	2023	投放8款基于MEB平台的ID.系列BEV车型，售价24万~34万元
宝马	2025	中国市场销量25%为BEV车型
	2023	推出12款纯电动车型
通用	2025	推出新能源车型占整体车型比例40%
		在中国投放纯电动车型超过20款
现代/起亚	2030	现代/起亚在华新能源产品矩阵拓展至21款
		在中国投放纯电动车型超过20款
	2021	在上海建立现代集团首个海外先行数字研发中心
		在广州建立现代集团首个海外氢燃料电池系统生产销售基地

续表

车企	年份	布局
丰田	2025	在中国电动车型（包括 HEV）销量占比 50%
		销量目标比 2020 年增长 50%，达到 270 万辆左右
		在中国推出电动化车型（包括 HEV）30 款以上，BEV 车型 10 款
本田	2030	在中国推出新款车型实现 100% 电动化（包括 HEV）
	2025	在中国推出 BEV 车型 10 款
		纯电动车和燃料电池车的销量占比规划：2030 年 40%，2035 年 80%，2040 年 100%
日产	2025	在中国推出 9 款电动车型，其中 6 款搭载 e-Power 技术

资料来源：根据各主要品牌投资信息披露、国家发展和改革委员会官网公开信息、工业和信息化部官网公开信息等整理。

中国自主汽车品牌正在通过布局电动化、智能化等领域进一步提升竞争力（见表6-3）。在新能源汽车产业方面，中国长期以来积累了较为完善的供应链配套能力和低成本优势，这是国内新能源车企及关键零部件企业保持竞争优势、加速发展的基础和关键。此外，中国自主品牌正在加大在电动化浪潮中的硬科技实力。国内传统车企，如吉利、长安、上汽等，正在通过组织架构和资本架构的调整，加速自身在电动智能领域的投资和产品投放。比亚迪、长城等车企也在加大混动技术的创新能力，提升节能与新能源车型产品的技术水平，打破日系品牌的技术专利封锁。

表 6-3   中国汽车自主品牌在电动化、智能化领域的布局与创新

项目	车企	布局
架构调整	吉利	分拆旗下高端智能电动车品牌——极氪，已获得 5 亿美元融资，来自英特尔资本、宁德时代、哔哩哔哩、鸿商集团和博裕投资 5 家生态伙伴
	广汽	2021 年底对打造高端智能电动汽车品牌——埃安完成混改并择机上市，埃安将投资 3.36 亿元建设自研电池试制线，实现弹匣电池、超倍速电池、海绵硅负极片电池等自主研发电芯技术的批量生产

续表

项目	车企	布局
架构调整	长安	2018 年成立长安新能源公司，定位为国民新能源车，于 2021 年 10 月底公告计划第二轮融资，拟募集资金不超过 50 亿元
		2021 年 11 月成立阿维塔品牌，定位高端智能电动车，完成总额 24.2 亿元的战略融资
	上汽	2020 年底分拆发布高端纯电智能品牌智己，已发布 3 款量产车型，以自动驾驶作为差异化竞争点
		2021 年 10 月底计划将旗下 R 汽车品牌独立，主攻中高端电动车市场，拟发布换电车型
技术创新	比亚迪	2020 年 3 月"刀片电池"量产，搭载的首款车型为 2020 年 7 月上市的比亚迪汉 EV
		2021 年 1 月发布 DMi 超级混动架构，100% 自主研发，采用扁线成型绕组技术使电机最高效率达到 97.5%
	长城	2020 年 12 月发布"柠檬混动 DHT"技术，采用双电机混联结构，系统综合效率最高可达 50% 以上
	奇瑞	2021 年 4 月发布鲲鹏 DHT 技术，搭载的首款量产车型为瑞虎 8PLUS PHEV，双电机驱动，实现 510 牛顿米扭矩输出
	吉利	2021 年 7 月发布第二代混动系统 GHS2.0，使用 DHT 双电机，相比纯燃油车将节油 35%~40%

资料来源：根据中国汽车协会、巨潮咨讯网、国家发展和改革委员会官网公开信息、工业和信息化部官网公开信息等整理。

2022 年，中国新能源乘用车市场渗透率在技术水平提升、产品多样性增加、市场下沉等多种因素的驱动下提升明显。产业链中的整车企业、模块化电池企业和模块化材料企业纷纷加快技术创新，例如，上汽推出零热失控、高性价比的新一代动力电池，蜂巢能源实现无钴电池量产，容百科技布局无钴层状、NCMA 四元正极材料，这些模块化的创新带来了新能源汽车产品技术水平的提高。在产品端，上汽通用五菱、广汽、比亚迪、理想、小鹏、蔚来等车企推出多种车型，极大地丰富了消费者的选择，满足了不同的消费需求和体验。此外，工信部组织开展新能源汽车下乡活动，中小城市和农村地区的新能源乘用车市场份额持续增长，从2021年的39%上升至2022年的47%。充电网络不断完善，截至2022年底，中国累计建成私人充电桩112万台，私人随车配桩率超过75%，公共充电桩覆盖42条高速公路，建成2318个充电站，超过1万台充电桩的高速公路快充网络已经基本成形。

6.3.2.3 中国新能源汽车发展仍面临挑战

第一，动力电池续航能力仍有待提升。在过去的几年里，虽然中国电池制造商一直在不断优化电池技术，提高能量密度以便能够参与全球市场竞争，但目前中国新能源汽车的电池续航能力普遍在300～500公里，仍然低于特斯拉等国际品牌的续航能力。特斯拉4680电池的大规模装配将这一差距继续拉大。首先，相比传统的21700电池，特斯拉4680电池具有更高的能量密度，使得续航里程得到显著提升。这种新型电池采用"干电解质涂层"的新工艺大幅降低生产成本约14%，使得特斯拉能够在低价格销售的同时，维持其汽车的高性能并提高续航里程约16%。其次，中国本土电池在续航较短的同时还不具备快充能力，而特斯拉4680电池采用"表面冷却"的独特设计，帮助电池在充电过程中更有效地散热，使得特斯拉汽车可以实现更快的充电速度。最后，得益于其高性能的电池和汽车产品，特斯拉在全球市场上的份额较大，而中国的新能源汽车市场虽然规模庞大，但电池模块制造商在全球市场上的份额仍有待提高。

第二，充电基础设施的布局不够均衡，整体服务效能偏低。公共充电桩主要分布在新能源汽车消费聚集地区，其中北京、上海、广东等10个省份占比达到了72%。京津冀、长三角、珠三角等新能源汽车消费聚集地区已初步形成相对成熟的城市充电网络，但三四线城市和农村地区的充电网络还需进一步完善。就服务密度而言，全国25个主要城市的公共充电桩平均密度为

17.3 台/平方公里。深圳、上海、广州、南京、长沙和厦门的公共充电桩密度超过了 20 台/平方公里。其中，深圳市的公共充电桩密度最高，达到了 73.2 台/平方公里。然而，许多城市的公共充电桩密度仍低于 10 台/平方公里。

第三，动力电池的核心矿产资源对外依存情况较严重。随着新能源汽车产销量的进一步扩大，可能会引发资源短缺危机。根据中汽中心的研究，预计中国新能源汽车产业对锂资源的年需求量将达到 2.46 万吨，钴资源需求量将达到 2.85 万吨，镍资源需求量将达到 7.1 万吨，锰资源需求量将达到 4.14 万吨。目前，中国锂、钴、镍、锰等关键金属资源的对外依存度分别高达 79%、97%、92%、91%，这也在一定程度上导致了电池原材料价格上涨。

第四，汽车芯片企业在研发和产品设计方面与国际先进水平有代差。目前，动力系统、底盘控制等关键芯片被国外企业垄断，国内芯片企业主要依赖国外的 1GBT（绝缘栅双极型晶体管）、半导体、薄膜电容、高性能磁钢等关键器件和材料，核心技术研发和资源相较于发达国家存在滞后性。以功率半导体为例，尽管中国在全球功率半导体消费市场中占据了 43% 的份额，但自产量只占市场份额的约 10%。

6.3.3 新能源汽车产业模块化创新现状

6.3.3.1 新能源汽车产业模块化分工创新现状

模块化分工创新是新一代动力新能源汽车技术发展的基础。其中，电池中的正负极材料作为重要活性组分对新能源汽车性能的影响最为明显。通过细化电池材料模块，可从根本上改善电池系统的性能表现、产品质量；正负极材料是四大材料中的重要活性组分和关键资源消耗中心，通过发展高镍低钴/无钴正极材料、添硅/补锂负极材料等，能够有效提升电池性能、减少稀缺资源消耗。模块化分工创新同样是新能源汽车技术发展的保障。通过应用新型锂电设备，实现生产工艺进步、改善制造效率；新型叠片机的成功研发，可将叠片工艺广泛应用在软包、方形电芯上，通过减少设备投入、提高生产效率，降低电池生产成本。

动力电池模块是目前新能源汽车产业模块化分工创新的主战场，整车、电池以及材料企业等均十分重视新一代动力电池技术的开发。随着电动化转型进程的推进，动力电池在汽车产业链中的地位愈加重要。在各国电池技术发展规划的指导下，产业链中整车企业、电池企业、材料企业等，纷纷加快新一代电池技术的模块化研发布局，未来产业链企业围绕着技术、创新等实力的竞争将会不断深化。国内外知名企业在动力电池与新能源汽车材料模块间细化分工的创新布局如表6-4所示。

表6-4　　国内外企业细化分工领域的模块化创新布局

企业领域	企业名称	模块化分工创新布局
整车企业	上汽	2021年6月，宣布计划2021年底投产零热失控、高性价比、可快充、可快换、可升级的新一代动力电池；2025年投产技术全球领先的固态电池
	蔚来	2021年1月，发布一款单体能量密度达360瓦时/千克的150千瓦时半固态电池包产品，并于2024年4月正式量产
	特斯拉	2021年全球四个超级工厂均安装超大型压铸机以实现车身的一体化压铸，提升车身稳固性与安全性同时节省设计生产成本
电池模块	SKI	目前主要以NCM811为主，宣布将在2021年开始量产NCM9/0.5/0.5电池
	宁德时代	目前NCM523及NCM811均有应用；全固态电池在开发中，公司预计2030年后实现商业化
	蜂巢能源	2019年7月发布了NCMA四元正极材料，公司预计2022年完成中镍四元正极C样，进入量产

续表

企业领域	企业名称	模块化分工创新布局
电池模块	卫蓝新能源	2022 年计划在湖州建成 2 吉瓦时动力固态电池生产线；公司预计 2025 年全固态电池（氧化物路线）实现商业化，可以小批量生产
	特斯拉	2022 年 2 月于加州交付 100 万块 4680 电池，提升充电速度同时大幅提升续航，降低成本与运行时发热量
材料企业	Cosmo AM&T	正在研发 NCMA 高镍正极材料，其中镍含量达到 92%，公司预计 2021 年实现四元正极材料量产
	林奈新能源	在中国分公司申请了四元正极材料的专利，并于 2019 年 2 月 5 日公开了公告
	容百科技	布局无钴层状正极材料、NCMA 四元正极材料，向下游客户送样，进一步完善各项性能指标
	贝特瑞	较早布局硅基负极的研发，公司硅基负极产品对日韩主流电池厂商大批量发货（折合硅纯品年发货量达千吨级）
自动驾驶模块	百度	正式推出 Robotaxi 将自动驾驶技术商业化，并计划于 2025 年前实现城区道路完全自动驾驶
	特斯拉	为其旗下所有车型选配 AutoPilot 系统，实现高速公路自动巡航与辅助驾驶功能
电机模块	西门子	研发 Sivetec 磁感应电机，提供空间狭小的高能量转化率最佳方案，永磁同步电动机效率高达 96%
	大陆集团	其高压轴驱动系统高度集成，将电机、变速箱及功率电子集为一体，能应用于从 80～130 千瓦的所有性能水平

资料来源：巨潮资讯网、商务部公开信息、一般社团法人日本汽车工业协会、美国设备制造商协会、欧洲经济与社会发展委员会、美国汽车业协会等。

6.3.3.2 新能源汽车产业模块化协同创新现状

产业模块化协同创新是新能源汽车技术创新的重要方向，集成化、平台化、标准化是创新发展的重要体现。通过设计电芯结构及尺寸、优化模块排列组合和整车车体结构的组装结构、降低耗材用量，来提升电机整体能量密度和降低系统成本,是对模块化分工创新的重要补充。在模块化协同创新日趋规模化的推动下,新能源汽车产业内部创新结构将进一步向集成化、平台化方向发展。表6-5描述了国内外部分企业,主要包含模块供应厂商与整车方案提供商之间的模块化协同创新现状。

表6-5　　　　　　国内外企业模块化协同创新布局

企业模块	企业名称	模块化协同创新布局
整车企业	大众	2020年6月增持在美国固态电池公司QuantumScape中的股份,并追加投资2亿美元
	通用	2020年5月宣布正在和LG化学合作开发动力电池Ultium,是一种NCMA四元锂电池;同时,还在研究无钴电池、固态电解质、超充等技术
电池企业	LG化学	宣布将从2021年开始向通用汽车供应钴含量低于10%的NCMA电池,并与通用汽车成立合资公司共同进行电池研发
	SKI	目前主要以NCM811为主,宣布将在2021年开始量产NCM9/0.5/0.5电池
	宁德时代	目前NCM523已应用于蔚来纯电超跑,NCM811出口应用于韩国现代纯电动汽车;全固态电池与特斯拉等合作开发中,公司预计2030年后实现商业化
	蜂巢能源	2021年4月无钴正极材料在常州金坛工厂正式量产下线向比亚迪、小鹏等企业交付,7月首款无钴电池量产下线
	卫蓝新能源	2022年计划推出混合固液电池产品,并和五菱、韩国现代等车企合作,实现装车
材料企业	林奈新能源	美国林奈公司与百度等企业合作研发L2级别自动驾驶系统
	容百科技	布局无钴层状正极材料、NCMA四元正极材料,向下游客户送样,进一步完善各项性能指标
自动驾驶模块	百度	推出Apollo系统并适配比亚迪部分车型及菜鸟部分物流无人车
	大疆	与小马智行合作研发红外线距离测算系统与ToF激光雷达,以期实现完全自动驾驶
	比亚迪	和英伟达合作开发DRIVE Orin车用高性能计算机平台

续表

企业模块	企业名称	模块化协同创新布局
电机模块	大洋电机	收购上海电驱动股份有限公司,为A3级别新能源客车提供电机
	博世集团	蔚来汽车和博世集团在德国柏林签署战略合作协议,双方将在传感器技术、自动驾驶、电机控制和智能交通系统等领域展开重点合作
	日立集团	合资公司日立汽车马达系统的生产基地在国家级增城经济技术开发区开工,预计两年后建成投入生产

资料来源:巨潮资讯网、商务部公开信息、一般社团法人日本汽车工业协会、美国设备制造商协会、欧洲经济与社会发展委员会、美国汽车业协会等。

| 第 7 章 |
产业模块化创新的产业组织绩效（二）

本书以新能源汽车企业全要素生产率作为新能源汽车产业组织绩效的衡量标准，以模块化分工创新与模块化协同创新综合测度了模块化创新，构建了实证检验模型，对新能源汽车模块化创新影响产业组织绩效的研究假设进行了实证分析，并以企业利润率作为被解释变量做了拓展性分析，据此提出研究结论及政策建议。

7.1 新能源汽车模块化创新对产业组织绩效影响的实证分析

7.1.1 模型构建与变量选取

7.1.1.1 样本选择

本书依据图 6-1 对新能源汽车的模块化分

解,将中国A股新能源汽车板块上市企业按其主营业务所对应模块进行分类,使用分层随机抽样法选取220家企业,剔除金融服务类企业以及10年内被证券交易所标记Special Treatment的企业23家,剩余197家企业数据。由于世界范围内新能源汽车产业呈井喷式增长的时间为近10年,故本书选取的时间跨度为2011~2021年。

7.1.1.2 实证模型构建

根据第6.2.3节的分析,本书以新能源汽车产业组织绩效为研究对象,并以新能源汽车企业全要素生产率作为新能源汽车产业组织绩效的衡量标准,构建基本模型如下:

$$
\begin{aligned}
TFP_{it} = & \alpha_0 + \alpha_1 \ln MDI_{it} + \alpha_2 \ln MCI_{it} + \alpha_3 \ln Gov_{it} + \alpha_4 \ln PTrans_{it} \\
& + \alpha_5 RDratio_{it} + \alpha_6 Edu_{it} + \alpha_7 \ln R\&D_{it} + \alpha_8 \ln Cur_{it} \\
& + \alpha_9 \ln Mod_{it} + \alpha_{10} \ln Top5v_{it} + \alpha_{11} \ln Top5c_{it} + \varepsilon_{it}
\end{aligned} \quad (7-1)
$$

其中,TFP_{it}代表i企业t年全要素生产率,MDI_{it}代表i企业t年模块化分工创新情况,MCI_{it}代表i企业t年模块化协同创新情况,Gov_{it}代表i企业t年接收来自政府的补助,$PTrans_{it}$代表i企业t年平均每笔关联交易所获收益,$RDratio_{it}$代表i企业t年研发人员占比,Edu_{it}代表i企业t年本科学历以上研究人员占比,$R\&D_{it}$代表i企业t年研发投入,Cur_{it}代表i企业t年所持现金流,Mod_{it}代表i企业t年模块化程度,$Top5v_{it}$代表i企业t年前五大供应商采购情况,$Top5c_{it}$代表i企业t年前五大客户采购情况,ε_{it}是随机误差项。

7.1.1.3 新能源汽车产业企业全要素生产率的衡量与测度

模块化创新可以帮助企业实现优化内部设计、生产和销售布局,从而在攫取更多的市场利润的同时,提升整条价值链与产业链的设计、生产和加工能力。企业全要素生产率(TFP_{it})可衡量新能源汽车产业内各模块供应商以及整车生产厂商的模块设计、生产及分销能力,是新能源汽车产业组织绩效的有力体现之一。

因 C-D 函数具有结构简单,测量结果明显等优势,是目前测度全要素生产率应用最广泛的方式之一,其基本结构为:

$$Y_t = A \times K_t^\alpha \times L_t^\beta \qquad (7-2)$$

其中,Y_t 表示企业 t 年总产出,L_t 表示企业 t 年劳动投入,K_t 表示企业 t 年资本投入,α 与 β 分别表示 K_t 与 L_t 的弹性系数,A 即为所求企业的全要素生产率(TFP_{it})。为了消除同时性偏差问题,本书将模型(7-2)两边取对数,并参考马沙克(Marschack,1944)提出的方法,将常数项 A 分为 W 和 E 两项。其中,W 是指可被企业察觉到且显著影响企业领导者当期要素投入决策的因素,E 则为真实的残差项(TFP_{it}),即:

$$\ln Y_t = W + E + \alpha \times \ln K_t + \beta \ln L_t \qquad (7-3)$$

由于存在样本中包含部分传统车企转型企业,且新能源汽车模块供应商上市时间较晚,导致部分企业样本中存在观测值缺失等问题。为规避 OP 全要素生产率估计法要求抛弃该类样本从而导致样本观测值不足的风险,本书选用 LP 全要素生产率估计法,故在模型(7-3)中引入中间变量 $\ln M_t$,得到等式为:

$$\ln Y_t = E + \alpha \times \ln K_t + \beta \times \ln L_t + \gamma \times \ln M_t \qquad (7-4)$$

将上式两边移项可得新能源汽车企业全要素生产率公式为:

$$E = \ln Y_t - \alpha \times \ln K_t - \beta \times \ln L_t - \gamma \times \ln M_t \qquad (7-5)$$

在上述模型中,只需求出 Y_t、K_t 和 M_t 及其对应的系数 α、β 和 γ,即可使用 Stata 16.0 软件求出企业全要素生产率 E。关于上述数据的选择,本书在数据可得性的基础上参考王燕武等(2019)的做法,即:

产出(Y_t)= 企业经营利润额 + 固定资产折旧 + 营业税金及附加 + 增值税额 + 支付给员工以及为员工支付的现金 + 员工薪酬。为剔除价格因素的影响,本书以 2012 年为基期,采取第二产业 GDP 平减指数对产出进行平减,最终得出相应数据。相关数据来自万得(Wind)数据库与巨潮资讯网披露的上市企业与公司年报，并由手工整理得来。

劳动力资本（L_t）：采用员工人数来衡量，相关数据来自巨潮资讯网披露的上市企业与公司年报，并由手工整理得来。

资本投入（K_t）：采用固定资产平减指数衡量，相关数据来自巨潮资讯网披露的上市企业与公司年报中资产负债表的固定资产科目，并由手工整理得来。

中间品投入（M_t）：中间品是使用LP法测度企业全要素生产率时引入的一个中间变量，计算方式多种多样。本书参考王燕武等（2019）的逆推法进行测算，即中间品投入 = 营业成本 + 销售费用 + 财务费用 + 管理成本 − 固定资产折旧 − 支付给员工以及为员工支付的现金 − 员工薪酬。为剔除价格因素的影响，本书以2012年为基期，采用当年固定资产投资价格指数对其进行平减，最终得出相应数据。相关数据来自万得（Wind）数据库与巨潮资讯网披露的上市企业与公司年报，并由手工整理得来。

综合上文分析及数据，通过Stata 16.0软件、使用LP估计法计算可得新能源汽车企业全要素生产率结果如表7-1所示。

表7-1　　　　　　　　　LP估计法回归结果

变量	系数值	标准误	t	P>|t|
$\ln K_t$	0.3265	0.0253	12.89	0.000
$\ln L_t$	0.3269	0.0278	11.73	0.000
$\ln M_t$	0.1830	0.0177	10.31	0.000
常数项	7.8533	0.3735	21.03	0.000

由表7-1可知，新能源汽车产业的资本投入系数为0.3265，劳动投入系数为0.3269，都在1%的水平上显著，故得到的TFP_{it}值具有可信度。

7.1.1.4 新能源汽车产业模块化创新的衡量与测度

根据第7.2.3节的分析，本书将核心解释变量模块化创新分为模块化分工创新与模块化协同创新两方面，分别建立 MDI_{it} 与 MCI_{it} 来衡量。同时，为了更好地衡量专利价值，引入企业增加值的概念。因过往文献中对模块化创新大多采用问卷调查的方法而未有实证研究的经验，本书参考库普曼（Koopman，2014）、王直（2015）关于全球价值链分工程度计算的方法，以授权专利数与当年企业营业增加值之比来衡量模块化分工创新的情况，即：

$$MDI_{it} = \frac{Lic_{it}}{VA_{it}} = \frac{Lic_{it}}{Y_{it} - M_{it}} \tag{7-6}$$

其中，Lic_{it} 是 i 企业 t 年授权其他单位使用其专利的数量，VA_{it} 是 i 企业 t 年营业增加值，等于 i 企业 t 年总产出（Y_{it}）与 i 企业 t 年中间投入（M_{it}）之差。二者之比为每单位企业营业增加值所驱动的专利授权数。专利授权是指相同、类似模块生产商之间出于低成本跨越技术壁垒等目的而进行的授予专利使用权并收取一定报酬的行为。假设产业模块间已实现充分分工，模块生产商应主要持有其主营模块若干专利，而不应大量持有跨模块专利。若每单位企业营业增加值可驱动的授权专利数越多，表明产业内部并未完全实现模块化分工（Dall-Orsoletta et al.，2022；Green and Scotchmer，1995），在模块边界模糊、新模块因更细致的分工而诞生时，专利授权仍是主要技术壁垒突破方式，主导大模块厂商和大型整车生产厂商仍是主要创新驱动者。故每单位企业营业增加值所驱动的专利授权数越多，表示其持有跨模块的专利价值越高，新能源汽车产业模块化分工创新程度越低。综上所述，MDI_{it} 越大，新能源汽车产业模块化分工创新程度越低，二者呈负相关。其中，专利授权数量数据来自德温特（Derwent）专利数据库与 SooPAT 专利检索，并由手工整理得来。

与衡量模块化分工创新方法类似，本书参考库普曼（Koopman，2014）、王直（2015）关于全球价值链嵌入程度的计算方法，以合作专利数与企业当年营业增加值之比来衡量模块化协同创新的情况，即：

$$MCI_{it} = \frac{CoP_{it}}{VA_{it}} = \frac{CoP_{it}}{Y_{it} - M_{it}} \qquad (7-7)$$

其中，CoP_{it} 是 i 企业 t 年与其他单位共同获批专利的数量，VA_{it} 是 i 企业 t 年营业增加值，等于 i 企业 t 年总产出（Y_{it}）与 i 企业 t 年中间投入（M_{it}）之差。二者之比为每单位企业营业增加值所能驱动的平均合作创新专利申请数。当模块化协同创新更加深化时，同质同类型模块生产商出于筹集创新资金、分担创新风险等目的大量进行创新协同，故每单位企业营业增加值所能驱动的平均合作创新专利申请数越多，表示协同创新效率越高，即 MCI_{it} 越大，新能源汽车产业模块化协同创新程度越高，二者呈正相关。其中，联合专利申请数量来自德温特（Derwent）专利数据库与 SooPAT 专利检索，并由手工整理得来。

7.1.1.5 其他变量的选取与测度

（1）政策支持（Gov_{it}）：用企业接受的政府补助数量衡量。政策支持反映企业在报告期内从政府新能源补贴政策及政府直接补贴中获得的收益。其数据来自巨潮资讯网披露的企业年报与万得（Wind）数据库，并由手工整理得来。

（2）关联交易质量（$PTrans_{it}$）：用企业关联交易总额除以关联交易数量衡量。关联交易质量反映企业在报告期内与相关模块生产商的多种协同情况。其数据来自国泰安数据库。

（3）企业研发能力（$RDratio_{it}$）：用企业研发人员所占企业员工数量之比来衡量。通常企业研发人员占比越高，表明其对研发投入重视度越高，更容易在创新层面提升社会整体福利。其数据来自巨潮资讯网披露的企业年报，并由手工整理得来。

（4）受教育程度（Edu_{it}）：用持有本科及以上学历的员工占全体员工比

重来衡量。通常企业员工平均学历越高,表明企业对研发投入重视度越高,同时员工收入也越高,在员工层面与企业层面提升社会整体福利,促进产业组织绩效提升。其数据来自巨潮资讯网披露的企业年报与万得(Wind)数据库,并由手工整理得来。

(5)研发投入($R\&D_{it}$):用企业研发投入金额衡量。企业研发投入越高,表明其技术创新越频繁,进而伴随的技术外溢与创新外部性效应会极大拉动创新层面的产业组织绩效整体提升。其数据来自巨潮资讯网披露的企业年报,并由手工整理得来。

(6)企业投资能力(Cur_{it}):用企业所持现金流衡量。企业持有现金流可直接用于实时投资而不需进行筹资等行为,现金流可直接衡量企业健康程度与企业投资意愿。其数据来自国泰安数据库。

(7)企业模块化程度(Mod_{it}):参考汉姆尔等(Hummels et al.,2001)、刘欣(2014)的做法,使用企业增加值与中间投入之比作为模块化程度衡量。本书从模块化视角出发,研究模块化创新对产业组织绩效的影响,模块化过程可直接促进模块化创新的发生。其数据来自巨潮资讯网披露的企业年报与万得(Wind)数据库,并由手工整理得来。

(8)企业上游产业链地位($\ln Top5v_{it}$):使用前五大供应商采购额衡量。前五大供应商采购额越高表明企业在价值链中地位更重要,具备更强的抗风险能力,更容易提升企业自身绩效。其数据来自巨潮资讯网披露的企业年报与万得(Wind)数据库,并由手工整理得来。

(9)企业下游产业链地位($\ln Top5c_{it}$):使用前五大客户采购额衡量。前五大客户采购额越高表明企业在供应链中的地位更重要,有更强的议价权,更容易提升企业自身绩效。其数据来自巨潮资讯网披露的企业年报与万得(Wind)数据库,并由手工整理得来。

由于创新与投资等变量需要时间才能完全展现作用,本书对其进行滞后两期处理;由于政府补助、现金流与关联投资额等数据数量级与其他数据差距过大，本书对其取对数处理。

具体变量名称及测度方式，如表7-2所示。

表7-2 变量名称及测度方式

变量类型	变量名称	变量符号	测度方式
被解释变量	全要素生产率	TFP_{it}	索罗生产模型
	企业利润率	PR_{it}	企业利润率
核心解释变量	模块化分工创新	MDI_{it}	专利授权数/增加值
	模块化协同创新	MCI_{it}	合作专利数/增加值
控制变量	政策支持	$\ln Gov_{it}$	政府补助规模
	关联交易质量	$\ln PTrans_{it}$	关联交易额/关联交易
	企业研发能力	$RDratio_{it}$	研发人员/总员工
	受教育程度	Edu_{it}	本科及以上员工/员工
	研发投入	$\ln R\&D_{it}$	企业研发支出
	企业投资能力	$\ln Cur_{it}$	企业所持现金流
	企业模块化程度	$\ln Mod_{it}$	企业增加值/中间投入
	企业上游产业链地位	$\ln Top5v_{it}$	前五大供应商采购额
	企业下游产业链地位	$\ln Top5c_{it}$	前五大客户采购额

7.1.1.6 数据处理与描述性统计

本书以197家新能源汽车企业为样本进行分析，整体样本观测值较充足，但仍存在样本中某些企业上市较晚缺失值较多、部分企业受政府补助或海外协同研发规模巨大导致极端值出现的问题。为克服以上问题，首先，对整体数据使用99分位法进行缩位，以剔除某些极端样本或数据对整体回归结果的影响；其次，针对某些上市较晚、缺失值较多问题采取线性插值处理；最后，针对某些变量可能存在的数量级过大或过小等问题采取以e为底的自然对数。表7-3为实证模型中各变量的描述性统计结果。

表 7-3　　　　　　　　　　变量的描述性统计

变量	观测值	均值	标准差	最小值	最大值
TFP_{it}	1539	18.8893	1.0127	15.2472	22.1766
PR_{it}	1894	0.2351	0.1100	-0.288	0.730
$\ln MDI_{it}$	1563	-13.0931	1.3746	-21.1508	-10.0649
$\ln MCI_{it}$	1896	-15.6396	1.7279	-21.1508	-11.7013
$\ln Gov_{it}$	1678	7.8721	4.1978	-42.1897	49.5754
$\ln PTrans_{it}$	1906	8.1614	2.5519	-14.0154	24.2721
$RDratio_{it}$	1155	0.1599	0.1116	0	0.8053
Edu_{it}	1471	0.1940	0.1311	0.0015	0.7676
$\ln R\&D_{it}$	1970	9.5685	2.2227	-29.5687	14.5379
$\ln Cur_{it}$	1970	11.0033	1.9695	-1.1695	16.3564
$\ln Mod_{it}$	1970	1.5604	0.5477	-0.1616	4.8148
$\ln Top5v_{it}$	1441	10.9150	1.8310	0.3732	15.7998
$\ln Top5c_{it}$	1698	11.3926	1.7588	-0.6237	17.1999

通过观察表7-3可得，新能源汽车产业中各企业模块化分工创新与模块化协同创新的标准差分别为1.3746和1.7279，数值相对较大，表明新能源汽车产业中各供应商企业及整车制造企业的创新能力存在较大差距；由于中国采取的新能源汽车免征购置税与大力进行新能源相关补贴，政府支持的标准差为4.1978，表明各企业所接受的政府补助程度差距巨大，整车制造商与新能源汽车电池制造商接受到了整个产业超过50%的补贴；研发投入标准差2.2227也相对较大，这表明不同企业在研发投入规模、融资资金实力和抗风险能力上差距巨大；企业模块化程度平均为1.5604，标准差为0.5477，表明中国新能源汽车产业整体垂直专业化程度较高，分工较明确且合作较广泛。整体来说，中国新能源汽车产业虽然局部存在发展不充分、不协调的问题，但整体向上发展势头依然强劲。

7.1.2 新能源汽车产业模块化创新对企业全要素生产率的回归分析

7.1.2.1 回归前检验

本书拟选用中国新能源汽车产业 197 家 A 股上市企业 2012~2021 年数据进行实证回归分析。在开始正式回归之前，首先要排除模型存在多重共线导致参数估计失真或估计错误的可能性，故运用 Stata 16.0 软件对上述面板数据进行了 VIF 分析，结果如表 7-4 所示。

表 7-4　　　　　　　　　变量相关性分析结果

变量	VIF	1/VIF
$\ln MDI_{it}$	1.89	0.5287
$\ln MCI_{it}$	1.47	0.6822
$\ln Gov_{it}$	1.57	0.6388
$\ln PTrans_{it}$	1.55	0.6471
$RDratio_{it}$	1.47	0.6792
Edu_{it}	1.60	0.6237
$\ln R\&D_{it}$	3.42	0.2927
$\ln Cur_{it}$	3.34	0.2997
$\ln Mod_{it}$	1.38	0.7221
$\ln Top5v_{it}$	2.77	0.3610
$\ln Top5c_{it}$	2.89	0.3459
VIF 均值	2.12	—

观察表7-4可知，所有变量的方差膨胀因子均小于10，平均方差膨胀因子仅为2.12，故可确定不存在多重共线性，可以进行回归。

由于本书所选面板数据类型为"大 N 小 T"，每个截面内时序相对较短，数据中是否包含单位根的时间序列数据特征不明显，根据谷安平等（2010）的结论，本书可不进行数据平稳性检验。同时，本书所构建模型（7-1）中不包含被解释变量的滞后项，属于静态面板数据，故可根据数据中个体效应随时间变化与否来决定采取时间固定效应模型或随机效应模型。豪斯曼（Hausman）检验的测度结果如表7-5所示。

表7-5　　　　　　　　　　豪斯曼检验结果

变量	FE1 (b)	RE1 (B)	差异 (b-B)	sqrt [diag (V_b-VB)] 标准误
$\ln MDI_{it}$	0.0929	0.0433	0.0495	0.0163
$\ln MCI_{it}$	0.0015	0.0030	-0.0014	0.0077
$\ln Gov_{it}$	-0.0155	-0.0092	-0.0062	0.0031
$\ln PTrans_{it}$	0.5925	0.5898	0.0026	0.2771
$RDratio_{it}$	0.0170	0.0218	-0.0048	0.0058
Edu_{it}	0.1045	0.1397	-0.0351	0.0337
$\ln R\&D_{it}$	0.2685	0.2447	0.0238	0.0114
$\ln Cur_{it}$	0.1010	0.1360	-0.0350	0.0111
$\ln Mod_{it}$	-0.2553	-0.3105	0.0551	0.0516
$\ln Top5v_{it}$	0.1203	0.1334	-0.0131	0.0094
$\ln Top5c_{it}$	0.1113	0.1186	-0.0073	0.0118
常数项	14.7306	13.6991	1.0314	0.2949

注：b = consistent under H0 and Ha；obtained from xtreg。B = consistent under Ha, efficient under H0；obtained from xtreg。Test：H0：difference in coefficients not systematic。chi2 (11) = (b-B) [(V_b-V_B)^(-1)](b-B) = 27.38。Prob > chi2 = 0.0040。

通过观察表7-5可得，chi2值为27.38，P值为0.0040且小于0.05，故应拒绝随机效应在1%上的原假设，采用面板数据的固定效应模型进行回归。

7.1.2.2 回归结果及分析

由上文可知面板数据中不存在多重共线性问题，且应选用面板数据的固定效应模型回归。将所需数据导入Stata 16.0并运行相关代码后，输出结果如表7-6所示。

表7-6　　　　　　　　　　固定效应模型回归结果

变量	(1)	(2)	(3)	(4)	(5)	(6)
$\ln MDI_{it}$	-0.1110*** (0.0182)	-0.0165 (0.0197)			-0.0800*** (0.0275)	-0.0631** (0.0250)
$\ln MCI_{it}$			0.1384*** (0.0195)	0.0102 (0.0155)	0.1077*** (0.0222)	0.0289* (0.0152)
$\ln Gov_{it}$		0.0240* (0.0136)		0.0376** (0.0179)		0.0413** (0.0177)
$\ln PTrans_{it}$		0.0578*** (0.0157)		0.0588*** (0.0203)		0.0505** (0.0200)
$RDratio_{it}$		-0.4551*** (0.1234)		-0.3744*** (0.1197)		-0.3155* (0.1163)
Edu_{it}		0.5067*** (0.1705)		0.3492* (0.1889)		0.3211* (0.1856)
$\ln R\&D_{it}$		0.1544*** (0.0280)		0.1634*** (0.0434)		0.1837*** (0.0417)
$\ln Cur_{it}$		0.1387*** (0.0268)		0.1724*** (0.0353)		0.1598*** (0.0341)
$\ln Mod_{it}$		0.1005** (0.0481)		0.1522** (0.0625)		0.1012 (0.0667)

续表

变量	(1)	(2)	(3)	(4)	(5)	(6)
$\ln Top5v_{it}$		0.1203*** (0.0340)		0.1033*** (0.0356)		0.1249*** (0.0317)
$\ln Top5c_{it}$		0.1647*** (0.0239)		0.1463*** (0.0301)		0.1398*** (0.0294)
常数项	17.4453*** (0.2406)	12.7278*** (0.2503)	16.9306*** (0.3117)	12.6475*** (0.2387)	16.3684*** (0.3743)	12.2565*** (0.2996)

注：***、**、*分别表示在1%、5%和10%的水平上显著；在FE模型括号内表示标准误差。

从综合回归结果可以看出，核心解释变量模块化分工创新（MDI_{it}）与模块化协同创新（MCI_{it}）在固定效应模型下对新能源汽车产业组织绩效的影响均为显著，且显著水平为10%以上，由此可以验证上文提出的假设H1a与假设H1b，由此也可验证假设H1。值得注意的是，模块化分工创新与模块化协同创新在其单独配合控制变量回归时均不显著，这可能是由于分工与协同二者互为表里，单纯分析一者无法与控制变量完美契合所致。两种创新方式的比较上，模块化分工创新对新能源汽车产业组织绩效提升的促进作用更为明显，其弹性系数较高，这一结果在一定程度上说明中国新能源汽车产业模块化程度已较深，模块化分工广泛且细致，从而使模块化分工创新动力更为充沛；而模块化协同创新则仍处于向上发展阶段，新能源汽车产业模块化协同创新网络与平台正在构建过程中，故对于新能源汽车产业组织绩效的提升作用有限。

其他解释变量中，企业研发能力与新能源汽车产业组织绩效呈反比例关系，这一研究结果出现的主要原因可能是存在技术引进依赖、核心技术积累薄弱、大企业X非效率和市场环境不完善等因素，导致企业研发人员未能充分利用企业科研资源，最终表现为企业研发人员比例过高对新能源汽车产业组织绩效的提升起到抑制性作用。关联交易质量、政府补助、员工受教育水平、企业研发总投入、模块化水平、企业供应链地位、企业抗风险能力对新能源汽车产业组织绩效的影响均为正值，与大部分研究的结论一致。其中，企业员工受教育水平与企业研发总投资对新能源汽车产业组织绩效提升最为显著，这是由于具备高等教育背景的研发人员相较于未受过高等教育的员工利用企业研发资源更有效率，但结合上面结论可以得出，研发人员受教育经历可提升企业创新能力，但研发人员所占比例应维持在与企业研发总投入、企业规模相匹配的程度；企业所持有的现金流越多，表明企业运行越健康，其融资与抗风险能力越强，可以驱动企业尝试高风险高收益的创新行为，从而对新能源汽车产业组织绩效呈正向促进作用。

7.1.2.3 稳健性检验

为了检验上述结论是否真实可靠，同时解决模型自身或变量所存在的稳健性问题，在不改变基础模型形式的前提下，拟通过将变量滞后一期的方法来进一步检验研究结论的稳健性情况。本书选择的是将被解释变量滞后一期进行稳健性检验的回归估计，其模型结果如表 7-7 所示。

表 7-7　　　　　　　　稳健性检验回归结果

变量	(1)	(2)	(3)	(4)	(5)	(6)
$\ln MDI_{it}$	-0.1125 *** (0.0185)	-0.0340 * (0.0197)			-0.0706 *** (0.0278)	-0.0632 ** (0.0267)
$\ln MCI_{it}$			0.1142 *** (0.0193)	0.0168 (0.0155)	0.0862 *** (0.0224)	0.0364 ** (0.0157)
$\ln Gov_{it}$		0.0617 *** (0.0138)		0.0704 *** (0.0173)		0.0741 *** (0.0172)
$\ln PTrans_{it}$		0.0498 *** (0.0153)		0.0795 *** (0.0202)		0.0695 *** (0.0198)

续表

变量	(1)	(2)	(3)	(4)	(5)	(6)
$RDratio_{it}$		-0.7266 *** (0.1713)		-0.5705 *** (0.1668)		-0.5037 *** (0.1632)
Edu_{it}		0.6898 *** (0.1844)		0.3453 * (0.1997)		0.3161 (0.1958)
$\ln R\&D_{it}$		0.1539 *** (0.0291)		0.1611 *** (0.0454)		0.1821 *** (0.0438)
$\ln Cur_{it}$		0.1342 *** (0.0282)		0.1588 *** (0.0375)		0.1468 *** (0.0364)
$\ln Mod_{it}$		0.1028 ** (0.0496)		0.1668 *** (0.0600)		0.1165 * (0.0644)
$\ln Top5v_{it}$		0.1208 *** (0.0413)		0.1110 *** (0.0366)		0.1475 *** (0.0259)
$\ln Top5c_{it}$		0.1338 *** (0.0255)		0.1157 *** (0.0308)		0.1101 *** (0.0303)
常数项	17.3671 *** (0.2444)	12.5865 *** (0.2552)	17.2335 *** (0.3088)	12.7467 *** (0.2398)	16.7490 *** (0.3650)	12.3560 *** (0.2918)

注：***、**、* 分别表示在1%、5%和10%的水平上显著；在FE模型括号内表示标准误差。

将新能源汽车产业组织绩效的衡量指标企业全要素生产率滞后一期后，发现模块化分工创新和模块化协同创新对新能源汽车产业组织绩效的影响均与前述回归结果基本一致。

控制变量方面，员工受教育水平对新能源汽车产业组织绩效影响不显著，这可能是由于在被解释变量被滞后一期的情况下，具有较高教育水平的员工未能完全体现其价值。其余变量均在10%的水平上显著且显著性方向与表7-6大致相同。总体而言，该模型与模型结果是稳健的。

7.2 拓展性分析

7.2.1 企业利润与产业组织绩效

为验证新能源汽车产业模块化创新对产业组织绩效的影响，本书拟从不同角度出发全面衡量产业组织绩效，以此来确保回归结果更加贴近现实。企业利润（PR_{it}）可有效体现模块化创新为企业带来的直接收益，产业内多数企业的利润率上升，可驱动外部资本涌入的同时提升产业整体研发能力与抗风险能力，优化寡头垄断等市场结构，改善市场绩效进而提升产业组织绩效。新能源汽车企业进行模块化创新的同时会促使相关上游模块供应商及下游整车制造商之间的联系更加紧密，更加细致的分工在带来愈演愈烈的竞争的同时，也延长了整个产业链与价值链的长度，使其利润分配更加合理，抗风险能力更完善。

7.2.2 模型构建与回归前检验

为探究新能源汽车模块化创新对企业利润率的影响，本书设立计量模型如下：

$$PR_{it} = \alpha_0 + \alpha_1 l2\ln MDI_{it} + \alpha_2 l2\ln MCI_{it} + \alpha_3 \ln Gov_{it} + \alpha_4 \ln PTrans_{it} + \alpha_5 RDratio_{it} \\ + \alpha_6 \ln Mod_{it} + \alpha_7 Edu_{it} + \alpha_8 \ln R\&D_{it} + \alpha_9 \ln Cur_{it} + \varepsilon_{it} \qquad (7-8)$$

其中，PR_{it}代表i企业在t年的利润率，其数据来自巨潮资讯网披露的企业年报与万得（Wind）数据库，并由手工整理得来。本书拟选用中国新能源汽车产业 197 家 A 股上市企业 2012~2021 年数据进行拓展性实证回归分析。与模型（7-1）不同的是，模型（7-8）中选用的被解释变量为企业当年利润率，而核心解释变量中的创新成果则需要一定时间消化吸收进而转化为模块产品进行销售，最后才可体现在利润率的增长上，故本书将模块化分工创新与模块化协同创新等变量做滞后二期处理，以此保证创新与模块化研发有充分时间跨度作用于企业设计、生产和销售全过程，最终作用于企业利润率。同时，对于在开始正式回归之前，首先要排除模型存在多重共线性导致参数估计失真或估计错误的可能性，故本书运用 Stata 16.0 对上述面板数据运用 VIF 法进行相关性分析，得到结果如表 7-8 所示。

表 7-8　　　　　　　　　　变量相关性分析结果

变量	VIF	1/VIF
$l2\ln MDI_{it}$	4.27	0.2343
$l2\ln MCI_{it}$	4.20	0.2378
$\ln Gov_{it}$	1.63	0.6142
$\ln PTrans_{it}$	1.51	0.6642
$RDratio_{it}$	2.14	0.4675
$\ln Mod_{it}$	1.60	0.6231
Edu_{it}	1.93	0.5188
$\ln R\&D_{it}$	3.14	0.3183
$\ln Cur_{it}$	3.01	0.3327
VIF 均值	2.60	—

通过观察表 7-8 可得，所有变量的方差膨胀因子均小于 10，平均方差膨胀因子为 2.60<5，可确定不存在多重共线性。故接下来采用豪斯曼（Hausman）检验来确定选择固定效应或随机效应的回归方式，结果如表 7-9 所示。

表7-9　　　　　　　　　　豪斯曼检验结果

变量	FE1 (b)	RE1 (B)	差异 (b-B)	sqrt [diag (V_b-V_B)] 标准误
$l2\ln MDI_{it}$	-7.9225	-2.3263	-6.0550	1.5422
$l2\ln MCI_{it}$	13.4836	1.9125	12.4229	3.1750
$\ln Gov_{it}$	-0.001	-0.0009	-0.0002	0.0002
$\ln PTrans_{it}$	-0.0026	-0.0017	-0.0011	0.0005
$RDratio_{it}$	-0.0139	0.0371	-0.0566	0.0174
$\ln Mod_{it}$	0.1726	0.1775	0.0040	0.0022
Edu_{it}	0.2001	0.0817	0.1404	0.0304
$\ln R\&D_{it}$	-0.0034	-0.0026	-0.0026	0.0014
$\ln Cur_{it}$	0.0043	0.0034	0.0001	0.0008
常数项	0.5220	0.5205	-0.0089	0.0161

注：b = consistent under H0 and Ha；obtained from xtreg。B = consistent under Ha，efficient under H0；obtained from xtreg。Test：H0：difference in coefficients not systematic。chi2 (11) = (b - B) [(V_b - V_B)^(-1)] (b - B) = 43.47。Prob > chi2 = 0.0000。

通过观察表7-9可得，chi2值为43.47，P值为0.0000且小于0.05，故应拒绝随机效应在1%上的原假设，采用面板数据的固定效应模型进行回归。

7.2.3　回归结果及分析

由上文可知面板数据中不存在多重共线性问题，且应选用面板数据的固定效应模型回归。将所需数据导入Stata 16.0并运行相关代码后，输出结果如表7-10所示。

表7-10　　　　　　　　　固定效应模型回归结果

变量	(1)	(2)	(3)	(4)	(5)	(6)
$l2\ln MDI_{it}$	-2.8972*** (1.2940)	-1.8953*** (0.5724)			-10.7896*** (2.3643)	-7.9225*** (1.9636)
$l2\ln MCI_{it}$			0.7130 (3.0515)	2.7832** (1.2317)	22.5662*** (5.6755)	13.4836*** (4.2052)
$\ln Gov_{it}$		0.0010 (0.0007)		-0.0010 (0.0007)		-0.0011 (0.0007)
$\ln PTrans_{it}$		-0.0023** (0.0010)		-0.0023** (0.0010)		-0.0026** (0.0010)
$RDratio_{it}$		-0.0139 (0.0257)		-0.0139 (0.0258)		-0.0139 (0.0255)
$\ln Mod_{it}$		0.1734*** (0.0039)		0.1736*** (0.0039)		0.1726*** (0.0038)
Edu_{it}		0.2020*** (0.0346)		0.1979*** (0.0346)		0.2001*** (0.0344)
$\ln R\&D_{it}$		-0.0037* (0.0022)		-0.0036* (0.0022)		-0.0034 (0.0022)
$\ln Cur_{it}$		0.0044** (0.0017)		0.0045*** (0.0017)		0.0043** (0.0017)
常数项	0.2239*** (0.0020)	0.5178*** (0.0226)	0.2340*** (0.0015)	0.5159*** (0.0224)	0.2282*** (0.0023)	0.5220*** (0.0224)

注：***、**、*分别表示在1%、5%和10%的水平上显著；在FE模型括号内表示标准误差。

通过观察表7-10可以发现，在回归的过程中，模块化分工创新与模块化协同创新基本可维持在1%的水平上显著，说明模块化创新对企业利润率提升效果明显，故接受假设H2a与假设H2b，也可证明假设H2。其中，模块化协同创新单独回归不显著，可能是由于中国新能源汽车产业发展时间较短，

第 7 章 | 产业模块化创新的产业组织绩效（二）

许多公司成立较晚，故在滞后二期的背景下存在缺失值所导致。整体而言，新能源汽车产业产品模块化会导致企业模块化分工更加细化，企业间模块化协同更加广泛。更细致的分工导致模块生产、研发更加专业化、精准化，企业有更大的动力将创新专利及时转化为生产效能以获取更大的市场份额与利润；更广泛的合作提升了模块间接口的可适配性，分担创新风险的同时可在同类模块制造商中共享创新收益，提升模块供应商创新意愿，而这些耦合效应叠加共同降低企业研发生产成本，提高企业产品利润进而提升产业组织绩效。

所有控制变量中，关联交易质量、模块化水平、员工受教育程度、企业抗风险能力均在5%以上的水平上显著，对新能源汽车产业组织绩效有明显作用。而政府补助的影响系数为 -0.0011 小于 0，对企业利润率提升起抑制性作用，这可能是因为中国新能源汽车产业补贴政策以针对消费者购车购置税减免为主，产业中模块供应商并未直接获益，其在197家样本企业中占比较大而接受到的政府补贴力度相对较小，故回归结果呈现对利润率提升的负向效应。企业研发投入与研发人员占比系数分别为 -0.0034 与 -0.0139，均对企业利润率提升呈负向作用。根据日本产业经济学家赤松要的雁阵模型分析，中国新能源汽车产业仍处于上升期，各模块更新换代频繁且创新研发需大量融资、投资为支撑；同时不断有背靠巨型投融资机构的新势力造车企业与传统车企为实现转型而进行的大规模投资，致使中国新能源汽车产业资本存量丰富，企业实验与研发费用的投入大幅增长暂时超出企业利润率增长，导致企业研发投入对利润率提升起到抑制性作用。根据产业组织理论，在中长期内当新能源汽车二级销售市场充分饱和、市场结构自行调整后该现象将得到缓解。企业抗风险能力的系数为0.0043，可显著提升企业利润率，首先这是由于企业所持现金有助于保障企业研发、生产和销售资金的持续注入，从而实现技术创新向市场价值的转换；其次，现金相较于股权融资具有效率高、作用范围广等优势，可在供应商与客户谈判中为企业增加更大筹码，从而帮助企业在更低成本条件下优化供应链；最后，充沛且健康的现金流使得企业有底气选择高风险、高收益的投资与研发项目，该类项目一旦成功便可显著提升企业在产业链与价值链中的话语权，从而促进企业利润率增长。

7.2.4 稳健性检验

为了检验模型（7-8）是否真实可靠，在不改变基础模型形式的前提下，参考梁斌（2020）的方式，通过增加控制变量来进一步检验研究结论的稳健性情况。实证结果如表 7-11 所示。

表 7-11　　　　　　　　稳健性检验回归结果

变量	(1)	(2)	(3)	(4)	(5)	(6)
$l2\ln MDI_{it}$	-2.8972** (1.2940)	-1.9048*** (0.0197)			-10.7896*** (2.3643)	-8.6949*** (2.0359)
$l2\ln MCI_{it}$			0.1730 (3.0515)	2.7266*** (1.2459)	22.5662*** (5.6755)	15.1370*** (4.3545)
$\ln Gov_{it}$		-0.0011 (0.0138)		-0.0011 (0.0007)		-0.0012 (0.007)
$\ln PTrans_{it}$		-0.0025** (0.0153)		-0.0024** (0.0011)		-0.0028** (0.0011)
$RDratio_{it}$		-0.0216 (0.1713)		-0.0215 (0.0268)		-0.0237 (0.0264)
$\ln Mod_{it}$		-0.1744*** (0.0496)		-0.1747*** (0.0040)		-0.1737*** (0.0040)
Edu_{it}		0.2154*** (0.1844)		0.2108*** (0.0359)		0.2149*** (0.0356)
$\ln R\&D_{it}$		-0.0043* (0.0291)		-0.0043* (0.0022)		-0.0041* (0.0022)

续表

变量	(1)	(2)	(3)	(4)	(5)	(6)
$\ln Cur_{it}$		0.0042 ** (0.0282)		0.0043 ** (0.00117)		0.0041 ** (0.0017)
$\ln Top5v_{it}$		0.0039 (0.0255)		0.0041 * (0.0028)		0.0048 * (0.0027)
$\ln Top5c_{it}$		-0.0057 ** (0.0255)		-0.0059 ** (0.0029)		-0.0065 ** (0.0029)
常数项	0.2239 *** (0.0020)	0.5172 *** (0.2552)	0.2340 *** (0.0015)	0.5151 *** (0.0226)	0.2282 *** (0.0023)	0.5215 *** (0.0226)

注：***、**、* 分别表示在1%、5%和10%的水平上显著；在FE模型括号内表示标准误差。

将新能源汽车企业上、下游产业链地位加入模型后回归，发现模块化分工创新无论是在不加入控制变量单独回归的情况下抑或是全部变量一起回归的情况下，都在5%的显著水平上显著。模块化协同创新在不加入控制变量单独回归的情况下不显著，原因同上文分析；在增加控制变量回归的情况下，在1%的显著水平上显著，与前述回归结果显著性基本一致。

控制变量方面，在将新能源汽车企业上、下游产业链地位纳入模型中后，企业产业链地位2个控制变量均在10%的水平上显著，说明企业在产业链上的地位越高，可赋予企业在原材料采购与模块销售时更高的议价权，显著提升企业利润率水平。但需要注意的是，企业下游产业链地位系数为负，可能是由于中国目前新能源汽车产业链长度与强度均不足且行业分工不完善，短期内企业下游产业链地位越高反而不利于企业利润率的提升。其余控制变量显著性与显著性方向均与表7-10大致相同。总体而言，该模型与模型结果是稳健的。

7.3 研究结论与政策建议

7.3.1 研究结论

本书运用 2012~2021 年中国新能源汽车 A 股上市企业面板数据为研究样本,对世界范围内新能源汽车产业与中国新能源汽车产业发展及创新状况进行了现状分析,再将中国新能源汽车产业组织绩效分为全要素生产率与利润率两个方面,在使用 LP 法测算中国新能源汽车企业全要素生产率水平的前提下,应用固定效应模型分别分析模块化分工创新与模块化协同创新对二者的影响。最后,由于存在指标选取与研究样本间的差异性等问题,本书进一步对模型的稳健性进行了检验。研究结果表明:

(1) 中国新能源汽车产业模块化分工创新可显著提升新能源汽车企业全要素生产率。中国新能源汽车企业间分工创新会抑制跨模块专利授权行为的发生,同时新能源汽车新势力企业等背靠巨型融资集团使得中间品投入不断增加,最终导致 MDI 指数水平呈现下降趋势。又因其与模块化分工创新水平呈负相关,根据回归结果的分析,MDI 指数的系数为 -0.0631 且在 5% 的显著水平上显著,故模块化分工创新水平与企业全要素生产率呈正相关且起到的促进效应最为明显,新能源汽车模块间更细致的分工所引发的创新行为可有效刺激新能源汽车企业全要素生产率提升。这一结果在滞后一期核心解释变量之后依旧稳健。

(2) 中国新能源汽车产业模块化协同创新可显著提升新能源汽车企业全要素生产率。企业间协同创新行为,尤其是同质化模块生产商之间的产品创新和工艺协同创新可充分分担创新风险,在协同构建的创新平台中实现有效的模块间信息反馈与互动，降低创新所需生产要素同时共享关键资本、技术与人力资源要素，从而使得MCI指数提升。回归结果显示，MCI指数的系数为0.0289且在10%的显著水平上显著，故模块化协同创新可提升中国新能源汽车企业全要素生产率水平。在企业间协同创新的过程中，产业链与价值链上下游供应商企业、整车制造企业的竞争优胜者形成技术联盟，分摊创新风险，提升创新能力，助力提高新能源汽车整车企业和关键模块、通用模块制造商的研发效率。但其弹性效应的绝对值小于模块化分工创新，故促进效应不如模块化分工创新。这一结果在滞后一期核心解释变量之后依旧稳健。

（3）模块化分工创新与模块化协同创新这两个核心解释变量对企业全要素生产率的促进作用不仅在当期显著，还在滞后一期的稳健性检验模型中显著，这说明中国新能源汽车模块化创新可作用于新能源汽车模块本体设计、接口设计、整车组装、生产销售全路径，能持续助力企业全要素生产率提升，新能源汽车产业创新成果的溢出效应强，影响时间跨度久。

（4）在替换产业组织绩效的衡量指标为企业利润率后，模块化分工创新与模块化协同创新的回归结果仍在1%显著水平上显著，表明新能源汽车产业模块化创新可对企业利润率产生直接促进性影响，是中国新能源汽车产业化发展的助推器。同时从引入新能源汽车模块生产商产业链地位在10%的显著水平上显著的视角来看，在整个产业范围内，模块化分工与模块化协同所带来的创新行为可以提升模块生产商在供应链中的地位，增强其议价权并丰富其选择权，助力企业实现产业链上下游一体化决策，从供应链的角度影响企业利润率。

7.3.2 政策建议

7.3.2.1 新能源汽车企业应坚持以模块化创新为基础的发展路径

（1）持续细化模块化分工。从本书的实证研究结论来看，模块化创新中的模块化分工创新对企业全要素生产率的促进作用最大，故企业在生产经营过程中，应着重强调细化分工的重要性，在企业设计、生产和销售的全过程采取激励机制来协调各分工主体，减少"背靠背"的无交流研发行为。特别是在世界汽车产业已发展百年有余，汽车产业中尤其是新能源汽车模块化特征最为明显，整个产业已初步开始享受结构模块化带来的红利时，以市场需求为主要抓手，因时而动推出符合市场需求的高质量产品并建立行之有效的产业内部多维度创新机制与企业模块化创新平台势在必行。同时，也应努力增强企业自身发展的内生性动力，将企业成本优势和地理优势等共同推进于模块化协同创新全过程中，营造新能源汽车内部模块化分工结构与相应模块生产商间协同创新布局协调一致的创新格局。

（2）注重同质同类型模块间协同竞争。根据本书的实证结果，模块间协同创新对新能源汽车企业全要素生产率提升的驱动效果仅次于模块化分工创新，故企业应积极建立核心技术如电池与自动驾驶等技术协同创新平台，编织协同化创新网络从而快速响应市场需求，提高生产效率，并进一步加快技术创新的步伐。整合不同模块制造商与整车生产商的优势资源，协同成本与创新优势，重新规划常规创新路径，联合处于产业链上、中、下游的优秀企业，通过形成新能源汽车产业集群效应以实现中国新能源汽车产业链、价值链的双向融通。

（3）发挥市场优势打造自主品牌，合力构建掌握核心技术的完整产业链。在新能源汽车的关键模块的生产创新领域，中国仍处于国际中游位置，与此同时，具有巨大潜力规模的市场及未来10年内燃油车车主更新换代的巨量需求是中国新能源汽车产业发展的保障。企业应发挥新型举国体制的制度优势，综合运用政府财政支持以及市场化股份股权融资等方式加大研发投入，横向整合新材料、新电池和新能源领域的高校与科研院所，纵向整合产业链上、下游企业开展技术协同攻关，防范潜在的技术所有权隐患。企业着重向特斯拉等领导型企业学习技术创新、供应链管理的同时，考虑到中美对抗的大背景下，还可与德国传统汽车企业合作。传统德国企业厂商与中国合资合作历史悠久，且亟待解决燃油向新能源转型期的各种问题，合作前景广阔。通过国际合作建立整车企业如特斯拉、宝马、奔驰等企业与关键模块供应商之间的标准互认平台，可有效推动中国标准反馈影响整车制造的国际标准，加大中国标准国际话语权，推动双边企业融通发展，达到降低建立自主品牌门槛、掌握完整核心技术等目的。

7.3.2.2 政府因势利导坚持创新驱动产业组织绩效的提升战略

（1）加强对关键核心模块的创新补贴力度。新能源汽车相较于传统燃油汽车，其最大优势是电能驱动，其最大劣势也是电池短板。目前，中国各新能源汽车整车生产厂商普遍受限于电量储能技术短板，存在续航里程短且虚标、快充速度慢和高温易燃等问题，这些问题损害厂商形象不利于打造自主品牌，同时又是新能源汽车产业中普遍存在的难题。故政府应充分发挥在市场引导中的主观能动性，通过税收减免、直接补贴或撮合高校、研究机构与企业研发平台对接等方式大力对相关核心模块生产商实行针对性和差异化的补贴，以此来增加企业的研发资金，促进企业研发投入尽快达到核心模块创新U形曲线拐点，提升企业价值。此外，为避免新能源汽车产业出现低水平盲目扩张或骗补行为，政府应审时度势对欠缺核心科技研发动力的新能源汽车企业中止补贴，从而集中科研资源与资本资源调动核心模块生产企业研发积极性，为产业链上游企业构建核心竞争力，带动下游企业发展。

（2）聚焦重点生产要素，充分发挥人才推动作用。政府应不断完善创新政策体系，促进不同模块生产商之间的协同交流，促进人才、资源等创新要素在模块群内的流动以突破关键领域技术瓶颈。同时，政府也应为人才提供资金、平台等软硬件保障，拓展政策宣传和沟通渠道，优化政策信息呈现渠道以增强人才对政策的感知，并传达政策对人才创新的积极期待。

（3）加大知识产权保护力度，强化对产业链创新主体激励。模块化创新的实现除了需要模块化分工与模块化协同的驱动以外，还需政府切实提高知识产权保护水平，强化知识产权保护体系，以确保创新主体获得稳定的创新回报与激励。当前，中国知识产权侵权等行为认定流程烦琐，赔偿标准较低，无法有效约束不法行为的发生。政府可更新新能源与电池材料领域知识产权制度与法律约束，建立相关侵权行为即时终结制度，参考国际水平提高惩罚性赔偿额度，增强对模块化知识创新主体的保护效果。同时，制定差异化知识产权保护政策，兼顾政策统一性与模块间异质性。根据本书实证回归的结果，新能源汽车产业模块化程度较高，模块分类较细致且存在差异，这说明关键模块与通用模块对创新的需求不尽相同，不同类型模块对知识产权保护的诉求也不尽相同。部分模块（如电池、自动驾驶等）研发周期长、测试成本高且上市后复刻难度低，应对此类新业态、新模式针对其发展特点创新保护方式，充分发挥知识产权保护对创新的保驾护航作用。

| 第 8 章 |

价值链高端嵌入下产业模块化创新网络发展之策

本书界定了产业模块化创新网络的内涵，提出了"创新成长+市场拓展"的价值链高端嵌入要核，探究了"四位一体"动态创新能力培育架构，并对产业模块化创新网络发展掣肘做了分析，据此提出价值链高端嵌入下产业模块化创新网络优化对策。

8.1 产业模块化创新网络的内涵

产业模块化创新网络是产业内以平台领导者的技术领导力为核心，以系统整合者的集成知识、模块供应商的内核知识为关键，以网络化知识资源的持续转移和优化为载体的自组织协同创新系统。其中,平台领导者拥有的技术领导力决定了产业模块化创新网络的创新走向,系统整合者的集成整合能力决定了产品呈现给顾客的形态是否符合其预期且效率可行,模块供应商的异质性内核知识则关系到产品组件并行研发的速度和质量,三者以知识资源的转移和优化为载体的网络化自组织创新共同决定了产业模块化创新网络存续的价值和生命力。

8.2 产业模块化创新网络价值链高端嵌入要核

中国作为发展中大国,要通过产业模块化创新网络真正实现创新发展,必须坚持"创新成长+市场拓展"的价值链高端嵌入要核。从国际层面看,当前以人工智能为主的产业链、以消费电子为主的产业链、以纯电动汽车为主的产业链等高度模块化产业链,无疑仍是发达国家占据核心价值环节,其他国家若想分一杯羹,要不以低廉且成熟的代工价格取胜,要不以某些模块的擅长来参与价值分享,皆属不易,一旦国际间关系出现不稳定因素或者是发生类似新型冠状病毒一样的冲击,来之不易的价值分享将面临得而复失的风险。从国内层面看,产业结构正经历转型,基于国内巨大的市场潜能,以芯片、新能源汽车为代表的新兴制造业正在加快成长;以智能手机、家电、工程机械为主的模块化产业通过在全球市场重新配置制造能力,正在经历由出口向国际品牌升级的关键期,既有机遇也有挑战。因此,为确保产业结构顺利转型,提升全球高端市场份额和价值,企业在产业模块化创新网络的合作与竞争中应以"创新成长+市场拓展"为基石,既要通过持续的创新赢得成长空间,又要以国际品牌为目标进行市场拓展。

具体而言,从创新成长看,尽管中国在高度模块化产业链里仍处在追赶角色,但一些模块商已在崛起,在全球价值链中承担着越来越重要的角色。以宁德时代为例,公司在上市不到10年的时间里,已从一家区域厂商成长为全球领先的动力电池系统提供商,在锂离子电池、锂聚合物电池、燃料电池、动力电池、超大容量储能电池、超级电容器、电池管理系统及可充电电池包、风光电储能系统等产品线上布局深入。根据SNEResearch统计,2023年宁德时代全球动力电池使用量市场占有率为36.8%,较去年提升0.6个百分点,连续7年排名全球第一;全球储能电池出货量市场占有率为40%,连续3年排名全球第一。但从2024年起,宁德时代财务状况发生了一些变化,前三季度净利润虽然保持了正增长,营收增长率却在连续下降,说明公司在动力电池领域尽管势头强劲,但异质性、稀缺性产品不足,在国际关系不稳定时容易受到冲击。由此可见,在对产业模块化创新网络的持续参与中,中国一些龙头模块商已成为全球价值链的重要一员,通过创新和速度获得了巨大的国际商机和价值,但仍需通过进一步的创新成长实现向国际尖端巨头的转变,成为原创性、基础性核心模块的掌控者。

从市场拓展看,中国智能手机、家电、工程机械的品牌集成商近几年可谓风生水起,包括小米、OPPO、vivo、TCL、美的、格力、三一重工、徐工机械等厂商在保有国内份额的同时,均出口强劲或在海外设厂生产,叠加了规模化、成本优势和一定的再创新风格,使产品以高性价比的方式呈现给顾客。但其中也有一些公司正经历繁荣之后的波折,如传音控股在行业景气度下滑、制造管理成本上升的大背景下,并未有大的商业化转型,尽管根据互联网数据中心(IDC)数据统计,2023年公司非洲智能机市场占有率超过40%,在南亚市场的巴基斯坦超过40%、孟加拉国超过30%,三个市场均排名第一,但其股价就目前情况看却再未超过2021年2月的高点。这一现象表明,作为品牌集成商,对永远处在创新中的模块化产业必须保持一个初创者的角色,唯有在产业模块化创新网络中坚持正向知识输出、不断再创新并经历市场检验的公司方能行稳致远。

8.3 产业模块化创新网络"四位一体"动态创新能力培育架构

8.3.1 系统架构规则设计

产业模块化创新网络中，系统架构规则作为主导设计由平台领导者发布和更新，据此成为各种技术路线和技术标准的统一。对于平台领导者而言，掌握系统架构规则将为其带来"赢者通吃"的效应，通过控制规则的授权对象和兼容性进行卡位，一旦成为产业的主导设计，即可锁定产业的长期发展方向，并根据自身的核心优势自主调控系统架构升级的方向和时机。因此，系统架构规则设计成为全球新兴产业生存和发展的竞争焦点，产业内不同平台领导者会就产品架构创新进行白热化的竞争，但胜者寥寥，唯有通过系统架构规则创新构建了技术创新与市场需求之间的有机契合点，并有相关模块产业的并行创新迭代加持才会胜出，在产业模块化创新网络中享有话语权和支配权，掌控全球价值链的高端价值份额。

8.3.2 模块全球技术标准确立

模块是产业模块化创新网络的并行研发者，其独特性、异质性和前沿性是决定自身价值的关键。在计算机、通信、汽车电子、物联网等领域，微软（Microsoft）和英特尔（Intel）合作的"Wintel"联盟、高通（Qualcomm）的无线通信标准、AEC-Q 车规级电子元器件认证标准、RFID（radio frequency identification）自动识别技术等都是其中的翘楚。模块全球技术标准确立的关键是对模块知识产权以及开放但拥有体系结构和接口的标准的控制能力,率先掌控国际标准主导权的国家享有先发优势,在统一全球协作、标准发展和研发成果产业化方面成效突出。

8.3.3　核心功能模块开发

在第四次产业革命浪潮下,核心功能模块开发越发成为产业模块化创新网络的竞争焦点,其间的胜出者在很大程度上决定了本模块的创新边界和产品整体效能。例如,英伟达(NVIDIA)在图形处理器(GPU)和 AI 芯片等方面的持续发力,其市值已和苹果(Apple)相当,且在 AI 算力竞赛日益激烈的当下,马斯克旗下的 xAI 公司、meta、微软等巨头对其订单不断,市场预期乐观。那么,作为 AI 时代的核心功能模块应该具备什么特质呢?一是长时间无法被替代,代表了产业发展的技术前沿;二是对模块化产品或其他模块性能提升起到决定性和关键性作用,品牌厂商愿意为其付出更多成本;三是开发速度及成效保持领先,每款核心模块均有既定的受众群体。只有同时具备了上述三种特质的厂商才能成为核心功能模块商,在产业模块化创新网络中游刃有余地与各类成员进行知识资源的交换与共享,共促产业繁荣。

8.3.4　顶尖制造能力打造

随着发达国家"危机"意识渐长,制造业回流渐成一种趋势,对顶尖制造能力的掌控成为其中的重中之重,AI、半导体、军工等高度先进模块化产业尤为如此。美国在 2011 年 6 月发布的《确保美国在先进制造业的领导地位》报告中提出确保美国全球制造业领导地位的创新政策、途径及行动建议;随后推出"先进制造伙伴"计划(AMP),其最主要任务就是识别工业界、学术界和政府之间的合作机会,促进政府激活美国先进制造业潜力;

2012年美国国家科技委员会发布了《国家先进制造业战略计划》，指出美国实施先进制造业战略的五大目标，明确参与每个目标实施的主要联邦政府机构；2022年10月美国发布《国家先进制造业战略》，在先进制造技术领域重点关注先进材料与加工技术、智能制造以及半导体。经过15年的努力，美国先进制造业发展有所斩获：一是制造业建筑投资占GDP的比重2023年已创出0.8%的历史新高，而2022年以前从未超过0.5%，远超德国、日本等国家的增幅；二是私企对制造业贡献颇丰，其研发投入总额的75%投向制造业，并拥有美国大多数专利，且有关知识产权产品的投资增长最迅速；三是制造业就业结构持续优化，与美国科学、技术、工程和数学学科相关的就业人数升至24%。美国重振先进制造业的态度再度表明，顶尖制造能力对于一国或地区参与产业模块化创新网络创新分工和获取价值链高端地位至关重要，唯有立之，方能稳赢。

8.4 产业模块化创新网络发展掣肘

8.4.1 系统架构规则设计总体仍处于摸索阶段

经过多年发展，中国一些公司在产业模块化创新网络中开始担当系统架构规则设计的重要角色，由系统整合者向平台领导者进阶。比亚迪公司1995年从手机电池的代工做起，先是作为台资企业大霸的镍镉电池生产商，而后逐渐延伸至锂离子电池、液晶面板、外壳、键盘等手机零部件的代工，从中利用掌握的手机系统架构知识于2006年成立手机整机组装事业部，随后几年顺利成为诺基亚公司（Nokia）第一大代工商，在功能机时代落幕后逐渐转向为苹果公司提供金属、玻璃、蓝宝石、陶瓷等结构件和整机组装服务。同理，比亚迪进行跨价值链升级也是从 2003 年收购西安秦川汽车开始，逐渐掌握了发动机、底盘、整车电子、模具、内饰等模块的基础知识，2008 年将自身掌握的锂电池技术和汽车价值链能力合二为一，推出全球首款混合动力汽车。此后比亚迪持续在新能源汽车领域发力，2022 年超越特斯拉成为全球新能源汽车企业销冠。对比比亚迪上述两个案例可知，手机业务尽管处于代工为主的阶段，但仍在比亚迪业务中占据重要份额；新能源汽车无疑是比亚迪最大的亮点，凭借成本领先夺得中国超过 40% 的市场份额，并进入日本、德国、澳大利亚、泰国、新加坡等 53 个国家和地区开拓市场，可谓风生水起。可见，比亚迪这两块业务都是依托全球价值链进行制造升级，不过手机业务主要在代工环节展开，新能源汽车则针对价值链进行了全链升级，并向平台领导者逐渐跃升。但是，比亚迪真的可以高枕无忧吗？答案显然是否定的。新能源汽车本质上属于高度模块化产业，平台领导者的技术领导力决定了该产业模块化创新网络的创新走向，系统整合者的集成整合能力决定了产品呈现给顾客的形态是否符合其预期且效率可行。从这一角度出发，比亚迪现阶段更像是一个理想的系统整合者而非平台领导者，依靠垂直整合一体化和组合创新进行成本领先，这从其近两年 5% 左右的销售净利率也可一见端倪，依旧任重道远。

8.4.2　对模块全球技术标准的参与和影响有限

模块全球技术标准的参与确立有助于一国或地区及其企业更便捷地融入全球模块化生产网络中运营，也是科技实力的重要硬标杆。因此，科技强国都不遗余力地投入对世界具有普适性影响的模块全球技术标准的争夺和确立中，中国也在贡献自身崛起的力量。2015 年 11 月 1 日由中国卫星导航系统管理办公室颁布的北斗/全球卫星导航系统（GNSS）定位设备通用规范、导航设备通用规范以及 2021 年 6 月 1 日车用外接式亚米级北斗定位模块通用规范正式施行，2020年1月由上海奥航智能科技有限公司（SCA安全通信联盟）组织国际和国内10家企业共同开发的《物联网信息安全国际技术规范》正式发布，2023年5月1日由浪潮信息牵头立项并联合行业30余家上下游企业及相关院校发布的《模块化数据中心通用规范》正式实施，等等。无疑，这些标准的颁布实施极大地增强了本土对模块全球技术标准的竞争力和参与性，但换一个角度看，也反映出中国在这方面依然存在劣势，主要是技术标准以国内为主，在国际主流舞台上尚未建立持续、有说服力的技术强国形象。这一方面有众所周知的国际关系原因，另一方面也说明中国在模块化产业的核心技术路线上依旧难以有突破性、颠覆性创新迭代，对模块全球技术标准的影响力有限。

8.4.3 对核心关键模块的掌握与开发不足

一国或地区拥有的核心、关键模块的数量和质量往往代表了其创新能力的高低，也是国家间技术交流的重要筹码。以北斗三号全球卫星导航系统为例，作为中国最复杂、应用面最广的航天系统工程，自2020年全面建成至今已构建起集芯片、模块、板卡、终端和运营服务于一体的北斗完整产业链，研发了一批自主可控的模块和产品，并与互联网、大数据、云计算、物联网等数字化产业的交融和嵌入日益增强。虽然北斗系统始终以开放合作的姿态与各卫星导航系统之间保持协调、兼容与合作，但因发展相对较晚，北斗产业链上创新主体的知识产权积累较少，对核心、关键模块的研制不足，一旦发生知识产权纠纷，企业将陷入被动境地。类似的局面在中国先进制造业中屡见不鲜，究其原因在于：一是对前沿技术走向缺乏本质的研判和理解，科研敏锐度不足；二是创新过程重形式轻内容，使很多关键技术研发流于表面，难以产生实际效果；三是缺乏持久、高效的投入，对尖端技术和产品的研制无法形成有力支撑。上述局面在国际关系趋于缓和时仍有可为，可以充分借助外部资源解决瓶颈问题并韬光养晦，但在外在因素不明朗时，产业链供应链的核心环节将面临挑战。

8.4.4 顶尖制造能力尚需追赶

中国作为制造大国，在许多模块化产业中均有突出的制造能力，使其可以成就两个方面的优势：一是积极嵌入全球价值链中成为一些产业的国际先进代工对象，如手机、电脑、汽车、家电等产业都是其中的代表；二是在代工的同时，这些产业不断涌现出高质量的本土厂商在复刻赤松要提出的"雁行形态"，从而带动了价值链地位的提升。但为何中国仍不是制造强国呢？关键在于上述两个方面的优势都不具备稀缺性，一旦发生国际关系波动其地位很可能被削弱。因此，在对产业模块化创新网络的参与中，对先进制造业高精尖制造能力的打磨和掌握应成为努力的重点方向，形成"你中有我，我中有你"的新格局。

8.4.5 对产业模块化创新网络的本质认识不清

产业模块化创新网络的本质是产业内平台领导者、系统整合者、模块供应商之间进行网络化知识资源的持续转移和优化，以达到自组织创新，其背后蕴藏的是各参与者对模块化网络创新的博弈和合作。从当前国内情况看，平台领导者正在历练的过程中，系统整合者和模块供应商是模块化生产网络的重要组成部分，是否这样的状况对产业模块化创新网络就望而却步了？要回答这一问题，还应从其本质中寻找答案。系统整合者和模块供应商的模块化网络创新使其有机会参与到平台领导者的前沿技术版图中，关键在于其创新的质量及产生知识的独特性、契合度，高质量且独特的创新可能与平台领导者展开平等的对话，共促知识进化。从这一视角出发，只要存在机会上的可能，都应以创新为本、以加入产业模块化创新网络为目的进行知识对话，为进一步合作创造前提。

8.5　价值链高端嵌入下产业模块化创新网络优化对策

8.5.1　坚持以颠覆性创新为主的技术创新思路

产业模块化创新网络的创新带有超前性，不管是平台领导者、系统整合者还是模块供应商都应以颠覆性创新为准绳进行知识创造和技术开发。在国内国际双循环相互促进的新发展格局下，先进制造业立足于国内价值链的核心企业、核心品牌和核心价值塑造已见成效，当前的难点在于依托全球价值链进行高端制造能力锻造和关键价值节点构建，参与产业模块化创新网络进行颠覆性创新竞争是不二法则。一是坚持企业的创新主体地位。一项技术只有物化为产品并被广泛应用才会产生颠覆性影响，创新型企业是实施这一转换的核心推手，因为它更了解市场的运作机制，更宜于将重大创新成果进行商业化、产业化转化。二是坚持政府的协力作用。从美国、英国、日本和韩国等典型国家的颠覆性创新经验可知，政府对于避免创新陷入"死亡之谷"有着天然之责，可在促进新技术的自由萌芽、对试错迭代的创新链进行一定的早期资助、利用产业政策促进应用扩散、激发以扩大规模为主的产业投资等方面发挥重要作用。三是坚持以创新人才为本。硅谷一个长盛不衰的"创新密码"，在于对失败的宽容、追求创业冒险、生活方式多样化以及模糊化的社会身份所体现出的创新文化，这既需要教育体系建设以全面培养发散性、批判性思维的学生为准绳，也需要颁布系统的引才措施集聚创新型人才，为颠覆性创新注入强大的人力基因。

8.5.2 坚持参与模块全球技术标准的创新竞赛

尽管模块技术标准在本质上隶属于技术领域，但事实上又被视为国家间地缘政治竞争的主战场。美国一直对模块全球技术标准采取自由放任的方式，从其对高通（Qualcomm）、Wintel联盟的态度可窥一斑，体现了对私营部门的偏向。欧洲基本也采用类似的做法，对模块化相关标准进行自下而上的管理，如ARM服务器芯片、汽车模块化平台等都是此间的代表。与之相反，中国在21世纪以来的模块标准化进程中始终强调大国主权的作用，对5G标准的技术博弈就是例证，这与发展中国家将产业政策标准化作为战略基础一脉相承。在日益复杂化的国际关系中，中国一方面应围绕自主创新目标，继续针对模块相关标准进行国内标准构建，并与美欧标准展开竞争，以体现中国在新兴技术规则竞赛中的实力和决心，同时也使参与供应链合作的外国合作伙伴深谙其道，增加中国标准的国际影响力，降低本土企业对国外技术的依赖。另一方面，应努力在竞争中保持合作共赢，促进中国标准和国际标准的协调，并推动有实力的私营部门通过产业模块化创新网络对模块标准化的更大参与，以确保中国标准的国际适用性和延展度。

8.5.3 坚持以特色模块企业嵌入为切入点

当今世界格局不管如何变化，企业运营能力的强弱与其终极创新目标紧密相关，只有生产在质量、性能、款式、新颖性上具有显著异质性和受众度的产品的企业才有可能完成对产业模块化创新网络的嵌入，并以此展开竞争和合作。为此，一是当前有机会参与到全球价值链中的顶尖模块企业应以市场为准则，身体力行地做好本模块的供应和调整工作，并遵照客户需求进行相关模块的研发和试制，做到有所为有所不为，逐步提升全球价值链地位，成为产业模块化创新网络中不可或缺的一员。二是中小型特色尖端模块企业也是产业创新化创新网络的重要辅助力量，应按照国际标准，通过国内外激烈竞争，将一批核心价值突出、潜在优势明显、具有隐形冠军潜力的中小型模块企业磨砺出来，使其成为顶尖模块企业的伴生力量，拓展全球价值链的深度，提升话语权。三是作为"有为政府"，应切实保护好模块企业的微观主体活力，使其有更多的精力向阳而生，并通过健全资本市场功能、引导长期价值投资等方式给予其更大的发展前景和成长空间。

8.5.4 坚持以顶尖制造能力打造为着眼点

21世纪以来，顶尖制造为王的思维越来越深入人心，以往专注于成本控制的美国、德国、日本等国家纷纷掀起制造业回流的浪潮，而且越是先进的产业其模块化特征越明显。在这一趋势下，中国变身制造强国的动力和压力凸显。一方面，在擅长的领域应尽善尽美。近几年，中国涌现出不少世界知名的系统整合者和模块供应商，如大疆、宁德时代等都是其中的典型代表，但在部分逆全球化趋势下，它们的成长也要受到多维因素的考验，唯有以不断提高的质量研发生产出客户需要的产品才是王者之道。另一方面，在不擅长或不够成熟的领域应客观实际以外购为主，同时加紧"干中学"步伐。对于高端数控机床、高阶芯片、光刻机、操作系统、医疗器械、发动机、高端传感器等"卡脖子"模块产品，因中国起步时间较晚，技术尚难达到应用阶段，进口属于正常现象，但在进口中应保持谨慎之道，慢慢缩小技术差距，直至实现进口替代。

8.5.5 坚持价值链高端嵌入思维

发展中国家参与全球价值链分工的终极目的是获得高端分工地位和价值，

对外要在国际价值链上崭露头角,通过不断增长的业务占比和美誉度赢得一席之地;对内要在国内价值链上实现"以我为主",高质量、高性价比地满足国内需求。企业在争取参与到全球产业模块化创新网络的过程中,应以价值链高端嵌入为导向,做好以下几点:一是平台领导者应有的放矢地与产业模块化创新网络的其他平台所有者展开对话、竞争与合作,将业务重心回归到如何提高技术领导力上,共同影响和决定创新走向,以赢得对手的尊重和认可,成为势均力敌的产业技术推动者。二是系统整合者应内外兼修地提高系统集成能力,使产品既能在国内价值链上处于核心位置,又能在国际价值链上具有定制化和性价比优势,以保有必需的全球市场份额。三是模块供应商应以全球产业技术走向为准则,专注于异质性内核知识的开发和试验,提高自研模块的并行研发速度和质量,争取挤入国际一线平台领导者和系统整合者的阵营,获得理想的收益和长期合作地位。

参考文献

[1] 白清. 全球价值链视角下中国产业转型升级研究 [M]. 北京：经济管理出版社，2018.

[2] 曹虹剑，张建英，刘丹. 模块化分工、协同与技术创新：基于战略性新兴产业的研究 [J]. 中国软科学，2015（7）：100–110.

[3] 陈虹，李赠铨. 中国先进制造业国际竞争力的实证分析 [J]. 统计与决策，2019，35（7）：154–157.

[4] 陈子凤，官建成. 我国制造业技术创新扩散模式的演化 [J]. 中国软科学，2009（2）：20–27.

[5] 邓程，杨建君，刘瑞佳. 企业间控制机制、知识转移效果与新产品开发速度关系研究 [J]. 科学学与科学技术管理，2020，41（11）：83–97.

[6] 樊钱涛. 知识源、知识获取方式与产业创新绩效研究：以中国高技术产业为例 [J]. 科研管理，2011，32（5）：29–35.

[7] 冯立杰，李雪，王金凤. 创新网络架构特征组态对知识转移绩效的影响机制 [J]. 科技进步与对策，2023，40（3）：112–121.

[8] 高霞，陈凯华. 基于SIPO专利的产学研合作模式及其合作网络结构演化研究：以ICT产业为例 [J]. 科学学与科学技术管理，2016，37

(11)：34-43.

[9] 胡登峰，冯楠，黄紫微，等.新能源汽车产业创新生态系统演进及企业竞争优势构建：以江淮和比亚迪汽车为例［J］.中国软科学，2021（11）：150-160.

[10] 黄玮强，庄新田，姚爽.基于创新合作网络的产业集群知识扩散研究［J］.管理科学，2012，25（2）：13-23.

[11] 惠青，邹艳.产学研合作创新网络、知识整合和技术创新的关系研究［J］.2010，24（3）：4-9.

[12] 姜博，马胜利，唐晓华.产业融合对中国装备制造业创新效率的影响：结构嵌入的调节作用［J］.科技进步与对策，2019，36（9）：77-86.

[13] 蒋殿春，鲁大宇.供应链关系变动、融资约束与企业创新［J］.经济管理，2022，44（10）：56-74.

[14] 金姝彤，王海军，陈劲，等.模块化数字平台对企业颠覆性创新的作用机制研究：以海尔COSMOPlat为例［J］.研究与发展管理，2021，33（6）：18-30.

[15] 李慧.复杂装备制造业集群创新网络研究及启示［J］.科学学与科学技术管理，2012，33（11）：52-61.

[16] 李坤望，马天娇，黄春媛.全球价值链重构趋势及影响［J］.经济学家，2021（11）：14-23.

[17] 李培楠，赵兰香，万劲波.创新要素对产业创新绩效的影响：基于中国制造业和高技术产业数据的实证分析［J］.科学学研究，2014，32（4）：604-612.

[18] 李庆满，戴万亮，王乐.产业集群环境下网络权力对技术标准扩散的影响：知识转移与技术创新的链式中介作用［J］.科技进步与对策，2019，36（8）：28-34.

[19] 李守伟，朱瑶.合作创新网络结构特征对企业创新绩效的影响研

究：以新能源汽车产业为例[J]. 工业技术经济, 2016, 35 (11): 137-144.

[20] 李晓华. 模块化、模块再整合与产业格局的重构：以"山寨"手机的崛起为例. 中国工业经济, 2010 (7): 136-145.

[21] 梁中, 徐函, 胡登峰. 中国高技术产业价值链升级阻滞的条件组态研究：基于19个细分行业的质性比较分析[J]. 科技进步与对策, 2022, 39 (10): 72-80.

[22] 凌丹, 张小云. 技术创新与全球价值链升级[J]. 中国科技论坛, 2018 (10): 53-61, 100.

[23] 刘光东, 武博, 孙天元. 中国新能源汽车产业协同创新现状及发展对策：基于模块化分工视角[J]. 现代经济探讨, 2012 (7): 54-58.

[24] 刘国巍, 邵云飞. 产业链创新视角下战略性新兴产业合作网络演化及协同测度：以新能源汽车产业为例[J]. 科学学与科学技术管理, 2020, 41 (8): 43-62.

[25] 刘继云, 史忠良. 模块化背景下产业创新路径研究[J]. 经济经纬, 2008 (5): 26-29.

[26] 刘丽萍, 赵林度. 制造业服务化背景下模块化产品服务策略[J]. 管理工程学报, 2023 (4): 144-152.

[27] 刘欣. 模块化生产网络下中国制造业升级研究[D]. 上海：上海社会科学院, 2016.

[28] 刘志迎, 付丽华, 马朝良, 等. 基于Meta分析的创新二元性与企业绩效关系研究[J]. 科学学与科学技术管理, 2017, 38 (6): 171-180.

[29] 楼高翔, 雷鹏, 马海程, 等. 不同回收补贴政策下新能源汽车动力电池闭环供应链运营决策研究[J]. 管理学报, 2023, 20 (2): 267-277.

[30] 鲁慧鑫, 郭根龙, 冯宗宪. 数字并购与全球价值链升级[J]. 经济体制改革, 2022 (3): 172-179.

[31] 吕越, 罗伟, 刘斌. 异质性企业与全球价值链嵌入: 基于效率和融资的视角 [J]. 世界经济, 2015, 38 (8): 29-55.

[32] 孟庆时, 余江, 陈凤, 等. 数字技术创新对新一代先进制造产业升级的作用机制研究 [J]. 研究与发展管理, 2021, 33 (1): 90-100.

[33] 孟潇, 张庆普. 跨组织科研合作有效性评价研究 [J]. 科学学研究, 2013, 31 (9): 1364-1371.

[34] 彭正龙, 王海花, 蒋旭灿. 开放式创新模式下资源共享对创新绩效的影响: 知识转移的中介效应 [J]. 科学学与科学技术管理, 2011, 32 (1): 48-53.

[35] 青木昌彦, 安藤晴彦. 模块时代: 新产业结构的本质 [M]. 上海: 上海远东出版社, 2003.

[36] 商黎. 先进制造业统计标准探析 [J]. 统计研究, 2014, 31 (11): 111-112.

[37] 宋方煜. 企业社会资本与企业创新绩效的关系研究: 知识转移的中介作用 [J]. 东北大学学报 (社会科学版), 2012, 14 (5): 412-417.

[38] 苏东坡, 柳天恩, 李永良. 模块化、全球价值链与制造业集群升级路径 [J]. 经济与管理, 2018, 32 (4): 54-61.

[39] 苏郁锋, 徐劲飞. 机会识别与公司创新绩效关系研究: 组织模块化水平的中介作用 [J]. 广西社会科学, 2021, 318 (12): 131-137.

[40] 孙少勤. 模块化、生产非一体化与服务业外包 [J]. 东南大学学报 (哲学社会科学版), 2010, 12 (1): 25-30, 123.

[41] 唐葆君, 刘江鹏. 中国新能源汽车产业发展展望 [J]. 北京理工大学学报 (社会科学版), 2017 (2): 1-6.

[42] 田时中, 余本洋, 陆雅洁. 财政投入、地方政府竞争与区域科技创新 [J]. 统计与决策, 2020, 36 (3): 150-154.

[43] 佟家栋, 张千. 数字经济内涵及其对未来经济发展的超常贡献

[J]. 南开学报（哲学社会科学版），2022（3）：19-33.

[44] 王宏起，汪英华，武建龙，等. 新能源汽车创新生态系统演进机理：基于比亚迪新能源汽车的案例研究 [J]. 中国软科学，2016（4）：81-94.

[45] 王建军，曹宁，叶明海. 核心企业治理机制对模块化网络创新绩效的影响：知识转移的中介作用 [J]. 科技进步与对策，2020，37（3）：115-123.

[46] 王鹏程，刘善仕，刘念. 组织模块化能否提高制造企业服务创新绩效？：基于组织信息处理理论的视角 [J]. 管理评论，2021，33（11）：157-169.

[47] 王瑜，任浩. 企业模块化能力测度指标体系的构建 [J]. 统计与决策，2021，37（17）：185-188.

[48] 王直，魏尚进，祝坤福. 总贸易核算法：官方贸易统计与全球价值链的度量 [J]. 中国社会科学，2015（9）：108-127，205-206.

[49] 吴代龙，刘利平. 数字化转型升级促进了全球价值链地位攀升吗？：来自中国上市企业的微观证据 [J]. 产业经济研究，2022，120（5）：56-71.

[50] 吴松强，尹航，蔡婷婷. 嵌入性创新网络、跨界合作与先进制造业企业创新能力：基于长三角地区先进制造业集群的实证研究 [J]. 华东经济管理，2021，35（4）：34-41.

[51] 吴小节，陈小梅，汪秀琼，等. 中国制造业全球价值链地位研究的知识结构与未来展望 [J]. 国际贸易问题，2018（12）：149-167.

[52] 武建龙，王宏起. 战略性新兴产业突破性技术创新路径研究：基于模块化视角 [J]. 科学学研究，2014，32（4）：508-518.

[53] 解学梅. 中小企业协同创新网络与创新绩效的实证研究 [J]. 管理科学学报，2010，13（8）：51-64.

[54] 熊勇清, 舒楠茜. 新能源汽车负面口碑、干预措施与消费者购买意愿 [J]. 中国管理科学, 2023 (2): 1-13.

[55] 杨忠敏, 王兆华, 宿丽霞. 基于模块化的节能新能源汽车技术集成路径研究: 以奇瑞为例 [J]. 科技进步与对策, 2011, 28 (18): 60-64.

[56] 伊辉勇, 曾芷墨, 杨波. 高技术产业创新生态系统生态位适宜度与创新绩效空间关系研究 [J]. 中国科技论坛, 2022, 319 (11): 82-92.

[57] 游博, 龙勇. 模块化对新产品绩效的影响: 基于模块化系统间联系及绩效影响机制的实证研究 [J]. 研究与发展管理, 2016, 28 (5): 91-99.

[58] 张春梅, 李晏墅, 宗文. 网络经济背景下模块产品外包的生产组织决策分析 [J]. 华东经济管理, 2013, 27 (3): 101-105.

[59] 张春雨, 郭韬, 刘洪德. 网络嵌入对技术创业企业商业模式创新的影响 [J]. 科学学研究, 2018, 36 (1): 167-175.

[60] 张厚明. 中国新能源汽车市场复苏态势及推进策略 [J]. 经济纵横, 2021 (10): 70-76.

[61] 张虎翼, 冯立杰, 朱天聪, 等. 模块化视角下产品的创新路径研究 [J]. 机械设计, 2022, 39 (3): 46-52.

[62] 张杰, 刘志彪. 需求因素与全球价值链形成: 兼论发展中国家的"结构封锁型"障碍与突破 [J]. 财贸研究, 2007 (6): 1-10.

[63] 张任之. 新一代信息技术驱动制造业价值链重构研究: 基于模块化理论视角 [J]. 学习与探索, 2022 (10): 121-128.

[64] 张艳萍, 凌丹, 刘慧岭. 数字经济是否促进中国制造业全球价值链升级? [J]. 科学学研究, 2022, 40 (1): 57-68.

[65] 张政, 赵飞. 中美新能源汽车发展战略比较研究: 基于目标导向差异的研究视角 [J]. 科学学研究, 2014, 32 (4): 531-535.

[66] 张钟允, 李春利. 日本新能源汽车的相关政策与未来发展路径选

择 [J]. 现代日本经济, 2015 (5): 71 - 86.

[67] 郑帅, 王海军. 数字化转型何以影响枢纽企业创新绩效?: 基于模块化视角的实证研究 [J]. 科研管理, 2022, 43 (11): 73 - 82.

[68] 周城雄, 赵兰香, 李美桂. 中国企业创新与并购关系的实证分析: 基于 34 个行业 2436 个上市公司的实证分析 [J]. 科学学研究, 2016, 34 (10): 1569 - 1575, 1600.

[69] 朱有为, 张向阳. 价值链模块化、国际分工与制造业升级 [J]. 国际贸易问题, 2005 (9): 98 - 103.

[70] Abernathy W J, Utterback J M. Patterns of Industrial Innovation [J]. Technology Review, 1978, 80 (7): 41 - 47.

[71] Ahuja G, Katila R Technological Acquisitions and the Innovation Performance of Acquiring Firms: A Longitudinal Study [J]. Strategic Management Journal, 2001, 22 (3): 197 - 220.

[72] Al-Jinini D K, Dahiyat S E, Bontis N. Intellectual Capital, Entrepreneurial Orientation, and Technical Innovation in Small and Medium-Sized Enterprises [J]. Knowledge and Process Management, 2019, 26 (2): 69 - 85.

[73] Antrás P. Conceptual Aspects of Global Value Chains [J]. The World Bank Economic Review, 2020, 34 (3): 551 - 574.

[74] Argote L, Ingram P, Levine J M, et al. Knowledge Transfer in Organizations: Learning from the Experience of Others [J]. Organizational Behavior and Human Decision Processes, 2000, 82 (1): 1 - 8.

[75] Baldwin C Y, Clark K B. Design Rules 1: The Power of Modularity [M]. Cambridge, MIT Press, 2000.

[76] Boschama R. Proximity and innovation: A critical assessment [J]. Regional Studies, 2005, 39 (1): 61 - 74.

[77] Bou-Llusar C J, Segarra-Ciprés M. Strategic Knowledge Transfer and its

Implications for Competitive Advantage: An Integrative Conceptual Framework [J]. Journal of Knowledge Management, 2006, 10 (4): 100 – 112.

[78] Chagas F M, Jr R R, Cabral S A, et al. Modular Innovation Networks in High-Technology Industries [J]. Revista Ibero-Americana de Estratégia, 2011, 10 (3): 173 – 198.

[79] Choi H, Kim S, Jung T. The Role of Innovation in Upgrading in Global Value Chains [J]. Global Economic Review, 2019, 48 (3): 273 – 283.

[80] Christensen C M, Rosenbloom R S. Explaining the Attacker's Advantage: Technological Paradigms, Organizational Dynamics, and the Value Network [J]. Research Policy, 1995, 24 (2): 233 – 257.

[81] Dalenogare L S, Benitez G B, Ayala N F, et al. The Expected Contribution of Industry 4.0 Technologies for Industrial Performance [J]. International Journal of Production Economics, 2018, 204: 383 – 394.

[82] Dhanora M, Sharma R, Jose M. Two-Way Relationship between Innovation and Market Structure: Evidence from Indian High and Medium Technology Firms [J]. Economics of Innovation and New Technology, 2020, 29 (2): 147 – 168.

[83] Dou Z, Sun Y, Zhu J, et al. The Evaluation Prediction System for Urban Advanced Manufacturing Development [J]. Systems, 2023, 11 (8): 392 – 392.

[84] Easterby-Smith M, Lyles M A, Tsang E. Inter-Organizational Knowledge Transfer: Current Themes and Future Prospects [J]. Journal of Management Studies, 2008, 45 (4): 677 – 690.

[85] Eller H K. Is 'Global Value Chain' a Legal Concept? [J]. European Review of Contract Law, 2020, 16 (1): 3 – 24.

[86] Ethiraj S K, Levinthal D. Modularity and Innovation in Complex Sys-

tems [J]. Management Science, 2004, 50 (2): 159 – 173.

[87] Ethiraj S K, Levinthal D, Roy R R. The Dual Role of Modularity: Innovation and Imitation [J]. Management Science, 2008, 54 (5): 939 – 955.

[88] Foti L, Warwick L, Lyons E, et al. Knowledge Transfer and Innovation: Universities as Catalysts for Sustainable Decision Making in Industry [J]. Sustainability, 2023, 15 (14): 11175.

[89] Freeman C. Networks of Innovators: A Synthesis of Research Issues [J]. Research Policy, 1991, 20 (5): 499 – 514.

[90] Frenken K, Hardeman S, Hoekman J. Spatial scientmetrics: Towards a Cumulative Research Program [J]. Journal of Informetrics, 2009, 3 (3): 222 – 232.

[91] Fu Q. The Impact of Global Value Chain Embedding on the Upgrading of China's Manufacturing Industry [J]. Frontiers in Energy Research, 2023, 11 (2): 1256317.

[92] Giulio B, Gary P. Variety of Innovation in Global Value Chains [J]. Journal of World Business, 2021, 56 (2): 101 – 167.

[93] Guan J, Liu N. Exploitative and Exploratory Innovations in Knowledge Network and Collaboration Network: A Patent Analysis in the Technological Field of Nano-Energy [J]. Research Policy, 2016, 45 (1): 97 – 112.

[94] Habib T, Kristiansen N J, Rana B M, et al. Revisiting the Role of Modular Innovation in Technological Radicalness and Architectural Change of Products: The Case of Tesla X and Roomba [J]. Technovation, 2020, 98 (1): 102163.

[95] Hackl J, Krause D, Otto K, et al. Impact of Modularity Decisions on a Firm's Economic Objectives [J]. Journal of Mechanical Design, 2020, 142 (4).

[96] Hagedoorn J, Cloodt M. Measuring Innovative Performance: Is There

an Advantage in Using Multiple Indicators? [J]. Research Policy, 2003, 32 (8): 1365 – 1379.

[97] Hansen M T, Birkinshaw J. The Innovation Value Chain [J]. Harvard Business Review, 2007, 85 (6): 121 – 130.

[98] Hao B, Feng Y, Frigant V. Rethinking the 'Mirroring' Hypothesis: Implications for Technological Modularity, Tacit Coordination, and Radical Innovation [J]. R&D Management, 2017, 47 (1): 3 – 16.

[99] Henderson R M., Clark K B. Architectural Innovation: The Reconfiguration of Existing Product Technologies and the Failure of Established Firms [J]. Administrative Science Quarterly, 1990, 35 (1): 9 – 30.

[100] Hofman E, Halman J I, Van Looy B. Do Design Rules Facilitate or Complicate Architectural Innovation in Innovation Alliance Networks? [J]. Research Policy, 2016, 45 (7): 1436 – 1448.

[101] Juan A, Martínez-Román, Romero I. Determinants of Innovativeness in SMEs: Disentangling Core Innovation and Technology Adoption Capabilities [J]. Review of Managerial Science, 2017, 11: 543 – 569.

[102] Katz J S, Martin B R. What is Research Collaboration? [J]. Research Policy, 1997, 26 (1): 1 – 18.

[103] Langlois R N. Modularity in Technology and Organization [J]. Journal of Economic Behavior & Organization, 2002, 49 (1): 19 – 37.

[104] Lau A K W, Yam R C M, Tang E. The Impact of Product Modularity on New Product Performance: Mediation by Product Innovativeness [J]. Journal of Product Innovation Management, 2011, 28 (2): 270 – 284.

[105] Levinthal E D. Modularity and Innovation in Complex Systems [J]. Management Science, 2004, 50 (2): 159 – 173.

[106] Liu H, Liu S, Shen J, et al. Global Value Chain Embeddedness and

Chinese Firms' Cross-border Mergers Acquisitions [J]. Structural Change and Economic Dynamics, 2024, 68: 393 - 411.

[107] Lunnan R, McGaughey S L. Orchestrating International Production Networks When Formal Authority Shifts [J]. Journal of World Business, 2019, 54 (5): 1 - 15.

[108] Mamalis A G. Trends in Advanced Manufacturing [J]. International Journal of Multiphysics, 2018, 12 (1): 27 - 40.

[109] Mcevily B, Zaheer A. Bridging Ties: A Source of Firm Heterogeneity in Competitive Capabilities [J]. Strategic Management Journal, 2015, 20 (12): 1133 - 1156.

[110] Navaretti B G, Venables J A. Multinational Firms in the World Economy [M]. Princeton University Press, 2020.

[111] Porter M E. The Competitive Advantage: Creating and Sustaining Superior Performance [M]. Free Press, 1985.

[112] Rajapathirana R P J, Hui Y. Relationship between Innovation Capability, Innovation Type, and Firm Performance [J]. Journal of Innovation & Knowledge, 2018, 3 (1): 44 - 55.

[113] Saberi S, Yusuff R M, Zulkifli N, et al. Effective Factors on Advanced Manufacturing Technology Implementation Performance: A Review [J]. Journal of Applied Sciences, 2010, 10 (13): 1229 - 1242.

[114] Sanchez R, Mahoney J T. Modularity, Flexibility, and Knowledge Management in Product and Organization Design [J]. Strategic Management Journal, 1996, 17 (S2): 63 - 76.

[115] Schilling M A, Phelps C C. Interfirm Collaboration Networks: The Impact of Large-Scale Network Structure on Firm Innovation [J]. Management Science, 2007, 53 (7): 1113 - 1126.

[116] Schumpeter J. The Theory of Economic Development [M]. Harvard University Press, Cambridge, MA, 1934.

[117] Simon H. The Architecture of Complexity: Hierarchic Systems [J]. Proceedings of the American Philosophical Society, 1962, 78 (12): 467-482.

[118] Sonego M, Echeveste M E S, Debarba H G. The Role of Modularity in Sustainable Design: A Systematic Review [J]. Journal of Cleaner Production, 2018, 176 (1): 196-209.

[119] Starr M K. Modular Production-A New Concept [J]. Harvard Business Review, 1965, 43 (6): 131-142.

[120] Sun Y, Zhong Q. How Modularity Influences Product Innovation: The Mediating Role of Module Suppliers' Relationship-Specific Investments [J]. Management Decision, 2020, 58 (12): 2743-2761.

[121] Teece D J, Pisano G, Shuen A. Dynamic Capabilities and Strategic Management [J]. Strategic Management Journal, 2009, 18 (7): 509-533.

[122] Tiwana A. Does Technological Modularity Substitute for Control? A Study of Alliance Performance in Software Outsourcing [J]. Strategic Management Journal, 2008, 29 (7): 769-780.

[123] Tully S. The Modular Corporation [J]. Fortune, 1993, 127 (3).

[124] Vickery S. K, Koufteros X, Dröge C, et al. Product Modularity, Process Modularity, and New Product Introduction Performance: Does Complexity Matter? [J]. Production & Operations Management, 2016, 25 (4): 751-770.

[125] Wang C, Rodan S, Fruin M, et al. Knowledge Networks, Collaboration Networks, and Exploratory Innovation [J]. The Academy of Management Journal, 2014, 57 (2): 484-514.

[126] Wang Q, Zhao L, Alice C, et al. Understanding the Impact of Social Capital on the Innovation Performance of Construction Enterprises: Based on the

Mediating Effect of Knowledge Transfer [J]. Sustainability, 2021, 13 (9).

[127] Wijk R V, Jansen J, Lyles M A. Inter-and Intra-Organizational Knowledge Transfer: A Meta-Analytic Review and Assessment of its Antecedents and Consequences [J]. Journal of Management Studies, 2008, 45 (4): 830 – 853.

[128] Yayavaram S, Ahuja G. Decomposability in Knowledge Structures and Its Impact on the Usefulness of Inventions and Knowledge-base Malleability [J]. Administrative Science Quarterly, 2008, 53 (2): 333 –362.

[129] Zelditch M L, Goswami A. What does Modularity Mean? [J]. Evolution & Development, 2021, 23 (5): 377 –403.